Victor von Bruns

Die Amputation der Gliedmassen durch Zirkelschnitt mit

vorderem Hautlappen

Victor von Bruns

Die Amputation der Gliedmassen durch Zirkelschnitt mit vorderem Hautlappen

ISBN/EAN: 9783743613119

Hergestellt in Europa, USA, Kanada, Australien, Japan

Cover: Foto ©berggeist007 / pixelio.de

Victor von Bruns

Die Amputation der Gliedmassen durch Zirkelschnitt mit

vorderem Hautlappen

Die

Amputation der Gliedmassen

durch

Zirkelschnitt mit vorderem Hautlappen

von

Victor v. Bruns
Professor der Chirurgie in Tübingen.

Tübingen, 1879.
Verlag der H. Laupp'schen Buchhandlung.

Vorwort.

Unter den grossen Operationen, welche dem praktischen Arzte, der sich mit der Ausübung der operativen Chirurgie befasst, am häufigsten zur Ausführung kommen, sind an erster Stelle die Amputationen der Gliedmassen zu nennen.

Eine genaue Kenntniss aller der Momente, von deren allseitiger Berücksichtigung und Erfüllung die erfolgreiche Vornahme dieser Operationen abhängt, ist daher ein nothwendiges Erforderniss für den operirenden Arzt, und hat sich der Verfasser der vorliegenden kleinen Schrift die Aufgabe gestellt, in derselben eine d e m B e - d ü r f n i s s e d e s praktischen Arztes entsprechende Darstellung der Lehre von den Amputationen der Gliedmassen zu geben, gestützt auf eine besonders reiche und günstige Erfahrung in diesem Gebiete der operativen Chirurgie.

Zugleich mag auch aus den vorliegenden Blättern der Antheil erhellen, welcher dem Verfasser derselben an der Einführung der hier beschriebenen Methode der Amputation in die chirurgische Praxis zuzuschreiben ist.

Victor v. Bruns.

Inhalt.

Im Frühjahr 1863 habe ich in dem Vorworte zu einer von meinem früheren Assistenten Dr. Schmidt herausgegebenen Schrift*) mit folgenden Worten eine kurze Beschreibung einer damals neuen Amputationsmethode eingeleitet:

»Ich benutze diese Gelegenheit, um meine Berufsgenossen vor-
»läufig auf eine neue Amputationsmethode aufmerksam
»zu machen, welche ich schon früher **) in einzelnen Fällen, seit
»einigen Jahren aber beinahe ausschliesslich geübt habe und mit
»deren Erfolgen ich in jeder Beziehung äusserst zufrieden zu
»sein alle Ursache habe. Dieselbe besteht in der Bildung eines
»grossen hand- oder zungenförmigen Hautlappens aus der vordern
»oder obern Seite des zu amputirenden Gliedes mit nachfolgen-
»dem einzeitigem Zirkelschnitte an der Basis des zurückge-
»schlagenen Hautlappens. Indem ich mir vorbehalte demnächst
»an einem andern Orte ausführlich über dieses mein Verfahren
»zu berichten, wenn mir eine noch grössere Beobachtungsreihe
»vorliegt, beschränke ich mich hier auf eine kurze Angabe der
»technischen Ausführung und füge nur noch die Verwahrung
»hinzu, dass ich mit dieser Methode keineswegs etwas ganz Neues
»vorgebracht zu haben glaube, denn — sub sole nil novi! Allein
»in der hier angedeuteten Weise ist dieses Verfahren, meines
»Wissens wenigstens, noch von Niemand methodisch ausgeübt
»worden.»

*) Statistik sämmtlicher in der chirurgischen Klinik in Tübingen von 1843—1863 vorgenommenen Amputationen und Resectionen von Dr. H. Schmidt. gewesenem Assistenten der Klinik. Mit einem Vorworte enthaltend die Beschreibung einer neuen Amputationsmethode von Dr. Victor v. Bruns, Professor der Chirurgie in Tübingen. Stuttgart 1863.
**) Im Jahre 1844 zum ersten Male am Oberschenkel.

Zu näherer Begründung dessen was ich vorstehend vor 16 Jahren geschrieben habe, mag hier ein kurzer Ueberblick folgen über die Geschichte der Amputation grösserer Gliedmassen durch Zirkelschnitt, welche Methode die älteste und wie man wohl hinzufügen darf, auch gegenwärtig noch die am häufigsten geübte Methode der Amputation ist.

Die Schattenseiten des einzeitigen Zirkelschnittes, wenn er nach der von Celsus *) überlieferten Beschreibung ausgeführt wird, sind so augenfällig, dass sie auch den ältesten Aerzten nicht entgehen konnten. Dass trotzdem bis zur Mitte des 16. Jahrhunderts diese Methode die herrschende, ja alleinige blieb, lässt sich nur daraus erklären, dass Amputationen der grossen Gliedmassen bis dahin überhaupt äusserst selten vorgenommen wurden, eigentlich nur bei dem Brande der Gliedmassen und zwar so dass lange Zeit hindurch nur in dem Brandigen selbst und erst später in den angränzenden lebendigen Theilen der Schnitt geführt ward. Erst nachdem durch Einführung der Feuerwaffen die Amputation auch bei schweren Schussverletzungen in Anwendung gekommen und durch Anwendung des Turnikets sowie durch Einführung der Ligatur der Arterien die Furcht vor tödtlicher Verblutung der Operirten genommen war, wurden Amputationen häufiger vorgenommen und dadurch zugleich auch das Bedürfniss nach zweckmässigeren Operationsverfahren fühlbarer gemacht.

Was die damaligen Wundärzte am meisten bekümmerte war die immer sehr lange Zeit in Anspruch nehmende Heilung der Amputationswunde, deren Dauer hauptsächlich bedingt ward durch das in der Amputationswunde stets weit hervorragende Knochenende, dessen spontane Abstossung abgewartet werden musste, ausser wenn man sich nach einem ein halb- bis anderthalbjährigem Warten noch zu einer nachträglichen Bloslegung und Absägung des Knochens entschloss.

Bartholomäus Maggi in Bologna **) scheint nun der Erste

---

*) A. Cornelii Celsi medicina. Liber VII. cap. 33. Ed. F. Ritter et H. Albers. Coloniae ad Rhenum 1835. pag. 302.

**) Bartholomäus Maggius de vulnerum sclopetorum et bombardarum Curatione tractatus. Bononiae 1552; abgedruckt in Conradi Gesneri Chirurgia: de chirurgia scriptores optimi quique veteres et recentiores, plerique

gewesen zu sein, welcher die Wichtigkeit der Bedeckung des Knochenendes mit Weichtheilen richtig würdigend den Versuch machte
durch möglichst starkes Hinaufziehen der Haut und Muskeln oberhalb der Amputationsstelle vor dem Zirkelschnitte so viel Haut
und Muskelfleisch zu ersparen, dass dadurch die Bedeckung des
Knochenendes ermöglicht ward.

Mehr als hundert Jahre später, nämlich erst gegen das Ende
des siebzehnten Jahrhunderts wurde von einzelnen Wundärzten ein
anderer Weg zu dem gleichen Ziele eingeschlagen. Sie liessen
nämlich oberhalb der Durchsägungsstelle des Knochens an der einen
Seite eine Parthie Weichtheile d. h. Fleisch und Haut stehen und
legten dann diese Masse gleich einem Lappen über den Knochen
und die andere quer durchschnittene Hälfte des Gliedes hinüber —
daher Lappenmethode, Amputation à lambeau genannt. Als Be-
gründer dieser Methode ist Verduin in Amsterdam*) zu nennen,
welcher dieselbe 1696 ausführlich beschrieb, wenn auch schon 18
Jahre vor ihm Lowdham in London einmal in ähnlicher Weise
am Unterschenkel operirt hatte, da das Nähere seines Verfahrens
unbeachtet und unbekannt geblieben war. Verduin vollzog die
Amputation des Unterschenkels in der Weise, dass er mit der linken Hand die Wade ergriff, dann vor dieser Hand ein gekrümmtes
Messer dicht an der hintern Fläche der beiden Unterschenkelknochen

in Germania antehac non editi, nunc primum in unum conjuncti volumen.
Tiguri 1555. Maggi schreibt a. a. O. pag. 268: »ut transversum dissectum
os contegatur in membrorum incisione *ministris jubere soleo, ut amputandum
membrum contineant et ad se quantum possunt membri illius cutem carnemque
trahant* ut dissecta pars in cutis et carnis musculorum relaxatione facilius
tegatur atque ita, quandoque statim, os illud contegitur, ut nullo modo con-
spiciatur, ex quo facilius curatio absolvitur.«

Hienach mag man beurtheilen, wenn von einzelnen Schriftstellern, z. B.
von B. Beck (Archiv für klinische Chirurgie 1864. Bd. V. pag. 181) gesagt
wird: »Maggi war der Erste, welcher zur Bedeckung des Stumpfes die Bildung eines Hautlappens vorschlug.«

*) Petrus Hadrianus Verduin. Dissertatio epistolaris de nova artuum
decurtandorum ratione. Amstelaedami. 1696 (ein kurzer Auszug aus dieser
Schrift findet sich in den Acta Eruditorum anno 1697 publicata Lipsiae 1697
pag. 119). — De l'amputation à lambeau ou nouvelle méthode d'amputer par
P. A. Verduin. Traduction nouvelle du Latin en François avec des augmen-
tations considérables par P. Massuet. Paris 1756. Auf S. 8—11 dieser Schrift
ist das Historische dieser Operationsmethode näher mitgetheilt.

von der einen zur andern Seite des Gliedes durchstiess und nach
unten oberhalb der Achillessehne ausschnitt. Mit demselben Messer wurden dann gegenüber der Einstichsstelle die sämmtlichen Weichtheile quer durchschnitten und der Knochen durchgesägt, worauf
die Wunde gereinigt, der Lappen nach vorn in die Höhe geschlagen und durch einen sehr complicirten Verband gegen die quere
Wundfläche fest angedrückt wurde. Gefässunterbindungen wurden
nicht gemacht. .

Aus dem einfachen Lappenschnitte entwickelte sich bald der
d o p p e l t e L a p p e n s c h n i t t , welcher im Laufe der Zeit von verschiedenen Aerzten in verschiedener Weise abgeändert (z. B. durch
Einstechen und Ausschneiden nach aussen oder umgekehrt durch
Einschneiden in schräger Richtung von aussen nach innen) noch
jetzt von Einzelnen mit Vorliebe geübt wird.

Es ist V e r m a l e *) welcher 1733 den doppelten Lappenschnitt
zuerst und zwar zunächst am Oberschenkel in folgender Weise ausgeführt hat. V e r m a l e stach ein grades Messer von der vordern
zur hintern Fläche des Oberschenkels dicht an dem Knochen vorbei und dann schräg nach unten durch, wodurch ein 3 Zoll langer
seitlicher Hautmuskellappen gebildet ward; hierauf ward das Messer
an der entgegengesetzten Seite des Oberschenkels in umgekehrter
Richtung nämlich schräg von unten nach oben bis in den Anfang
des ersten Schnittes hinein geführt und so ein zweiter dem ersten
gleicher Lappen gebildet. Anfang und Ende dieser beiden Schnitte
bezeichnete sich der Operateur vorher durch Umlegen zweier rother
Fäden um den Oberschenkel, welche 3 Zoll von einander entfernt
waren.

Gewissermassen eine Vereinigung von Lappenschnitt und Zirkelschnitt stellte das schon vor V e r m a l e von R a v a t o n **) geübte
Verfahren dar, welcher zuerst sämmtliche Weichtheile des Gliedes
um den Knochen herum durch einen Zirkelschnitt durchtrennte und
dann an 2 entgegengesetzten Seiten des Gliedes einen 4 Querfinger
langen Schnitt durch Haut oder Muskeln bis auf den Knochen
senkrecht in den Zirkelschnitt einfallen liess. Hiedurch wurden·

---

*) R. de V e r m a l e , Observations et Remarques de Chirurgie pratique
précédées d'une nouvelle méthode d'amputer. Londres (ohne Jahreszahl) pg. V.
**) R a v a t o n , Traité des plaies d'armes à feu. Paris 1750. pg. 405.

zwei rechtwinklige aus Haut und Fleisch bestehende Lappen von gleicher Länge gebildet — ein Verfahren, welches in neuester Zeit wieder von T h. T c a l c *) aufgenommen worden ist, jedoch mit dem Unterschiede, dass dieser einen vordern längeren und einen kürzeren hintern Lappen von viereckiger Form aus Haut und Muskelsubstanz bildet, so dass bei der Vereinigung dieser beiden Lappen der obere Lappen über den Knochenstumpf nach unten herumgeschlagen wird und somit die Vereinigungsstelle beider Lappen auf die untere oder hintere Seite des Gliedes zu liegen kommt.

Wenden wir uns jetzt zu denjenigen Amputationsverfahren, bei denen man die gesetzte Wundfläche nicht sowohl durch Muskelmasse, sondern durch Haut allein oder durch Haut mit nur wenig anhängender Muskelmasse zu bedecken sucht, so scheint F r. R u y s c h**) der Erste gewesen zu sein, welcher sich wenigstens bezüglich der Amputation in dem untersten Ende des Vorderarms dahin geäussert hat, dass die Haut allein zu diesem Zwecke genügen dürfte. Ob R u y s c h diese Hautersparniss in der That auch ausgeführt hat, und in welcher Weise — ob durch Zirkelschnitt oder durch Bil-

---

*) On amputation by a long and a short rectangular flap by P h. P. T e a l e. London 1858.

**) F r. R u y s c h (Responsio ad M. Reverhorst d. d. 10 Junii 1701 in M a n g e t i Bibliotheca chirurgica. Genevae 1721. T. II. pg. 264) um seine Ansicht befragt bezüglich einer hoch oben vorgenommenen Amputation des Vorderarms mit Lappenschnitt nach V e r d u i n bei einem 16jährigen Menschen, dessen beide Hände und Finger besonders linkerseits mit zahlreichen grossen und kleinen Knollen besetzt waren [der beigefügten Abbildung nach unzweifelhaft Enchondrome. B.] äussert sich in dem angeführten Antwortschreiben dahin, dass er es nicht billigen könne, dass man in diesem Falle die Amputation so weit oben gemacht habe blos aus dem Grunde, um den Knochenstumpf mit Fleisch bedecken zu können. Bezüglich der Brauchbarkeit des Gliedes sei es viel nothwendiger einen möglichst langen Stumpf zu bekommen, und dass man daher bei der auf die Hand beschränkten Erkrankung die A m p u t a t i o n in d e m u n t e r s t e n T h e i l e d e s V o r d e r a r m s hätte vornehmen sollen, wenn auch hier kein hinreichendes Fleisch zur Bedeckung des Stumpfes vorhanden sei: »existimo enim sufficere, si trumus tegatur cute manus, quae toto dorso vel vola manus separari et conservari posset.« In dem folgenden nennt er diese Operation eine »hactenus insusitatam amputandi methodum«! Ich habe diese Aeusserung von R u y s c h hier etwas ausführlicher wiedergegeben, weil aus diesem Vorschlage von einigen Schriftstellern »R u y s c h Methode der E x a r t i c u l a t i o n i m H a n d g e l e n k m i t z w e i H a u t l a p p e n« gemacht worden ist!

dung zweier Hautlappen aus Handfläche und Handrücken oder nur
von einer dieser beiden Stellen her — habe ich aus Ruysch's
Werken nicht ermitteln können.

Grossen Beifall und weite Verbreitung verschaffte sich die 1732
von J. L. Petit*) zuerst geübte Modification des Zirkelschnittes,
welche derselbe als Amputation en deux temps beschrieb.
Petit führte diesen zweizeitigen Zirkelschnitt in der Weise aus,
dass er einen Zoll unterhalb der Stelle, an welcher er den Knochen
zu durchsägen beabsichtigte, durch einen ringförmigen Schnitt der
Haut nebst Unterhautzellgewebe bis auf die Fascie durchtrennte,
dann die Haut nach oben zurückziehen liess, so dass die Fascie in
etwas mehr als Zollbreite frei da lag, und an dem Schnittrande der
zurückgezogenen Haut die Muskeln mit einem Schnitte bis auf den
Knochen durchtrennte. Er fügt übrigens selbst noch hinzu, dass
dieses Verfahren nicht reüssirt, wenn die Haut nebst Unterhautge-
webe geschwollen und gespannt ist und sich auf den Muskeln nicht
verschieben lässt, und dass er für diese Fälle das gewöhnliche Verfahren mit dem einzeitigen Zirkelschnitte vorzieht.

Selbstverständlich konnte es nicht ausbleiben, dass sich die
Wundärzte bei häufigerer Ausübung des zweizeitigen Zirkelschnittes,
in der von J. L. Petit angegebenen Weise davon überzeugten,
dass man durch denselben doch keine ganz genügende Menge von
Weichtheilen namentlich von Haut zur Bedeckung des Knochenstumpfes gewinnen könne, wie dieses für gewisse Fälle auch schon
Petit selbst zugegeben hatte.

Im Laufe der Zeit sind denn auch eine Menge Vorschläge zur
Verbesserung des Zirkelschnittes bekannt gegeben worden, welche
sich sämmtlich in zwei Gruppen sondern lassen, je nachdem bei
denselben die Absicht zu Grunde lag, nur Haut allein, oder Haut
mit etwas Muskelmasse verbunden zur Bedeckung des Knochenstumpfes zu gewinnen.

Zu den Methoden dieser letzten Gruppe gehört zuerst das Verfahren von Le Dran**), welcher mit dem ersten Zirkelschnitte die

---

*) J. L. Petit traité des maladies chirurgicales et des opérations qui
leur conviennent. Ouvrage posthume. Nouvelle édition. Paris 1790. T. III.
pg. 137. »Je suis le premier, qui ait coupé les chairs en deux temps.«
**) Le Dran, Traité des opérations de chirurgie. Paris 1742. pg. 557.

Haut und die äussere Hälfte der Muskelmasse durchschnitt, dann die Haut mit der ihr anhängenden Muskelparthie stark aufwärts zurückziehen liess und nun an der Gränze der zurückgezogenen Musculatur mit einem zweiten Zirkelschnitte die tiefere Muskelschichten bis auf den Knochen durchtrennte.

Dessault*) vervielfältigte die Muskelschnitte noch mehr, indem er durch den ersten Zirkelschnitt nur die Haut durchtrennte, dann an der Gränze der zurückgezogenen Haut durch einen zweiten Zirkelschnitt die oberflächlichen Muskeln und durch noch weitere Zirkelschnitte die tieferen Muskelschichten nebst Beinhaut durchschnitt, und zwar so, dass jeder dieser Schnitte an der Gränzlinie der eben zuvor durchschnittenen und zurückgezogenen Muskelschichte gemacht ward. Streicht oder drängt man nach vollendeter Operation mit beiden Händen die hinaufgezogene Haut- und Muskelmasse wieder nach unten, so zeigt die Wundfläche jetzt die Gestalt eines Hohlkegels, dessen Basis von dem Schnittrande der Haut und dessen stumpfe Spitze von der Sägefläche des Schenkelknochens gebildet wird.

Denselben Zweck suchte Alanson **) durch den von ihm empfohlenen Hohlkegelschnitt zu erreichen, welcher darin bestand, dass nachdem die Haut kreisförmig durchschnitten und zurückgezogen war, das Messer dicht neben dem Hautrande auf die Muskelwundfläche aufgesetzt und in schräger Richtung 3—4 Querfinger hoch aufwärts gegen den (Schenkel)knochen hin durch die Muskeln hindurch gestossen wurde, in welcher Richtung sodann das Messer mit seiner Spitze immer dicht an und um den Knochen herumgeführt wurde.

Begreiflicher Weise hat dieses technisch sehr schwierige Verfahren äusserst wenige Nachahmer gefunden, auch nicht nachdem dasselbe von Loder ***) und noch später von K. F. Gräfe†) neu empfohlen war, welcher letztere sogar um die Ausführung dieses

---

*) Oeuvres chirurgicales de P. J. Desault par Xav. Bichat. Nouvelle Édition. Paris 1801. II. pg. 547.

**) Manuel pratique de l'amputation des membres par Edwards Alanson. Traduit de l'anglais par Lassus. Paris 1781. pg. 15.

***) Loder, Chirurgische Beobachtungen. Weimar 1794. Bd. I.

†) K. F. Gräfe, Normen für die Ablösung grösserer Gliedmassen. Berlin 1812.

Trichterschnittes, möglich zu machen, ein besonderes Messer, sein sog. Blattmesser dazu hat anfertigen lassen.

Die Reihe der Wundärzte, welche bei Ausübung des Petit'-schen zweizeitigen Zirkelschnittes durch Abänderungen in dem ersten Akte der Operation eine grössere Menge Haut allein zur Bedeckung der Querschnittfläche der Muskeln und des Knochens zu gewinnen suchten, eröffnet Bromfield*), indem er den Rath gab, alle die fibrösen Stränge etc., welche bei dem Versuche die Haut nach gemachtem Zirkelschnitte aufwärts zurückzuziehen, in dem Unterhautzellgewebe hindernd zum Vorschein kommen, mit der Spitze des Messers senkrecht zu durchschneiden. Auf diese Weise lässt sich im günstigen Falle die Haut 2—3—4 Querfinger breit nach oben zurückziehen.

Mynors**) ging einen Schritt weiter, indem er nach vollendetem Zirkelschnitte durch die Haut die letztere mit einem Skalpell ringsum von ihrer Unterlage in der Breite von mehreren Querfingern abpräparirte und dann an der Gränze dieser Ablösung die Haut nach aufwärts auf sich selbst zurückschlug. Man hat dieses Verfahren vielfach mit dem Ausdrucke »Zirkelschnitt mit Hautmanchette« bezeichnet, vielleicht dürfte man es in dem Hinblicke auf die übrigen hieher gehörigen Methoden noch richtiger als »Zirkelschnitt mit ringförmigem Hautlappen« bezeichnen.

Der vollständigen Ausführung dieses Zirkelschnittes mit Hautmanchette stellen sich öfters Schwierigkeiten entgegen, namentlich wenn die Haut durch ein derbes fettreiches Unterhautzellgewebe prall um die Muskulatur herum gespannt ist und besonders wenn die Haut an einer Stelle des Gliedes circulär durchschnitten wird, welche einen erheblich geringeren Durchmesser als die unmittelbar darüber gelegenen Theile dieses Gliedes besitzt, wodurch das Umschlagen der Hautmanchette nach oben sogar ganz unmöglich gemacht werden kann. Ausserdem bilden, wenn man die Hautman-

---

*) W. Bromfield, Chirurgische Wahrnehmungen. Aus dem Englischen übersetzt und mit einigen Zusätzen vermehrt. Leipzig 1774. pg. 103.
**) Mynors, practical thoughs on amputations. Birmingham 1783. Aus dem Englischen übersetzt und mit Anmerkungen begleitet. Jena 1876. pag. 26.

chette über die Muskeln in einer Querspalte vereinigt, die beiden Winkel dieser Spalte zwei wulstige Hervorragungen, welche nur sehr langsam einschrumpfen und so die vollständige Heilung der Amputationswunde sehr lange verzögern. Zur Beseitigung dieser Hindernisse und Uebelstände machte Kirkland*) an zwei entgegengesetzten Seiten des Gliedes einen senkrechten Einschnitt durch die Haut und bildete so gewissermassen zwei schmale Hautlappen von rechtwinkliger Form, allein ein wesentlicher Vortheil, namentlich bezüglich der Beschleunigung der Heilung der Wunde wird dadurch nicht erzielt.

Brünninghausen**) in Würzburg versuchte daher, nachdem er sich von der Unzulänglichkeit dieser »Seiteneinschnitte« überzeugt hatte, zunächst durch Ausschneidung der überschüssigen Haut in Form eines dreieckigen Stückes auf beiden Seiten des Hautcylinders zu helfen und wurde dadurch auf eine neue Methode geführt, nämlich die Bedeckung der Wunde durch zwei grosse halbmondförmige Hautlappen herzustellen. Brünninghausen benutzte bei der Bildung der beiden Hautlappen zur Leitung für das Messer zwei halbmondförmige Stücke dünnen Pappendeckels von entsprechender Grösse, welche dicht unter der zur Amputation bestimmten Stelle, die durch ein Zirkelheftpflaster bezeichnet wurde, auf die obere und untere Fläche des Oberschenkels aufgelegt und mit einem Bande festgebunden wurden.

Die Umständlichkeit der Ausführung des Brünninghausen'schen Verfahrens mag wohl hauptsächlich die Ursache gewesen sein, weshalb dasselbe gänzlich unbeachtet geblieben ist.

Vorgreifend mag an dieser Stelle noch bemerkt werden, dass fünfzig Jahre später dasselbe Verfahren: Zirkelschnitt mit 2 Hautlappen, von B. Beck ***) als eine neue Methode beschrieben worden ist, allerdings mit dem Unterschiede, dass Beck immer einen vordern grössern und einen hintern kleineren Hautlappen

---

*) Kirkland, on the present state of surgery. Nach der Angabe von Brünninghausen, Erfahrungen etc. pg. 81.
**) H. J. Brünninghausen, Erfahrungen und Bemerkungen über die Amputation. Bamberg und Würzburg 1818. pg. 73.
***) B. Beck, zur Statistik der Amputationen und Resectionen in dem Archiv für klinische Chirurgie. Berlin. 1864. Bd. V. pg. 181.

bildet, während B r ü n n i n g h a u s e n am Oberschenkel die Hautlappen von gleicher Grösse bildet, dagegen am Unterschenkel den
hintern Hautlappen etwas länger als den vordern bildet*), weil derselbe mehr Substanz als der vordere zu bedecken habe.

Die vorstehende Uebersicht über die Art und Weise, wie sich
d i e A m p u t a t i o n d u r c h Z i r k e l s c h n i t t im Laufe der Zeit
von C e l s u s an, gestaltet hat, dürfte genügen, um den Beweis für
die 1863 von mir a. a. O. gemachte Aeusserung zu liefern, dass
nämlich bis zu diesem Zeitpunkt noch von Niemand eine Amputationsmethode durch Z i r k e l s c h n i t t m i t B i l d u n g e i n e s
g r o s s e n v o r d e r n H a u t l a p p e n s beschrieben worden ist.

Noch in demselben Jahre 1863 folgte meiner kurzen Mittheilung eine unter meinem Präsidium gearbeitete Inaugural-Dissertation — »Ueber eine neue Amputationsmethode« von M. N e u k o m m
Tübingen 1863 —, in welcher diese neue Methode näher beschrieben und mit den sonst gebräuchlichen Methoden des Zirkel- und
Lappenschnittes verglichen wurde. Ein Anhang dieser Dissertation
giebt eine »Tabellarische Zusammenstellung der vom Januar 1860 bis
Juli 1863 in der chirurgischen Klinik gemachten Amputationen nach
der neuen Methode mittelst Hautlappenbildung und nachfolgendem
Zirkelschnitt«. Dieselbe umfasst 34 Fälle, nämlich 11 Amputationen
des Oberschenkels, 14 des Unterschenkels, 2 des Oberarms und 7
des Vorderarms.

Erst in dem folgenden Jahre 1864 brachte das British medical
Journal in seiner Nummer vom 16. April 1864 einen Aufsatz von H.
C a r d e n in Worcester, in welchem derselbe auf Grund mehrjähriger
Erfahrungen die Amputation des Oberschenkels durch Zirkelschnitt
mit Bildung eines grossen vordern Hautlappens als zweckmässigstes
Operationsverfahren empfiehlt. Diesem Aufsatze sind zwei tabellarische Uebersichten angehängt, deren erste die von H. C a r d e n
nach diesem Verfahren ausgeführten Amputationen des Oberschenkels
enthält, während in der zweiten Tabelle die von C a r d e n und von
drei Collegen desselben in der Worcester Infirmary nach dem gleichen Verfahren vorgenommenen Amputationen an den oberen und
unteren Extremitäten aufgeführt sind.

---

*) a. a. O. p. 84.

Ausser diesem Aufsatze sind mir seit dieser Zeit nur noch die beiden nachstehenden Arbeiten zu Gesicht gekommen, welche speciell die hier in Rede stehende Amputationsmethode zum Gegenstand haben, nämlich die Dissertationen von R. Wolff und von A. Todt.

R. Wolff, der Verfasser der ersten unter Bardelebens Präsidium gearbeiteten Dissertation — De Brunsii methodo amputandi tribus exemplis illustrata. Diss. inauguralis. Gryphiae Novbr. 1864 — stellt nach Mittheilung dreier in der Greifswalder Klinik von Bardeleben nach dieser Methode gemachten Oberschenkel-Amputationen und nach einer kurzen Vergleichung dieser neuen Methode mit dem Muskellappenschnitte unter seinen Thesen als erste auf: »Brunsii methodus amputandi praeferenda est ceteris.«

Der Verfasser der zweiten Dissertation — Ad. Todt, »Ueber Amputationen mit vorderer Haut- und Periost-Lappenbildung besonders des Unterschenkels. Inaug.-Dissertation. Berlin 1873 — beschäftigt sich vorzugsweise mit der von v. Langenbeck in seinen Vorträgen *) empfohlenen Bildung eines vorderen Periostlappens als Hauptbedingung für den günstigen Erfolg des Zirkelschnittes mit vorderer Hautlappenbildung.

Dass jedoch meine Methode inzwischen von den praktischen Chirurgen nicht unbeachtet geblieben ist, sondern im Gegentheil nach und nach immer häufigere Anwendung und weitere Verbreitung gefunden hat, lässt sich schon aus einem flüchtigen Einblicke in die chirurgische Literatur über Amputationen der letzten 12 bis 16 Jahre entnehmen. Selbstverständlich gehen die Urtheile der Schriftsteller über diese Methode, welche bei gelegentlichen kürzeren oder eingehenderen Besprechungen derselben abgegeben worden sind, sehr weit aus einander. Während auf der einen Seite dieser Methode vielfach entschiedene Zustimmung und Beifall zu Theil geworden ist, fehlt es auf der andern Seite nicht an Stimmen, welche derselben nur unter gewissen Umständen und Bedingungen den Vorzug vor anderen Amputationsmethoden zugestehen wollen, ja sogar auch nicht an solchen, welche diese Methode ihrer angeblichen Mängel wegen schlechthin ganz verwerfen möchten.

---

*) Man sehe Berliner klinische Wochenschrift. Jahrgang 1870. nr. 13. pag. 162.

Prüft man indessen die abfälligen Urtheile etwas näher, so überzeugt man sich sehr bald, dass dieselben zum grössten Theile auf einer unvollkommenen und irrigen Bekanntschaft mit dieser Methode beruhen. Es begreift sich dieses leicht, wenn man bedenkt, dass die erste Publikation von mir nur eine vorläufige sehr kurze Beschreibung gab und zwar in einem Werke, das schon seinem Inhalte nach keine sehr weite Verbreitung in ärztlichen Kreisen finden konnte und dass die später nachfolgende nähere Beschreibung in einer gar nicht in den Buchhandel gelangten Inaugural-Dissertation enthalten war, dass somit die weitaus grösste Mehrzahl derer, welche nach dieser Methode amputirt haben, dieselbe nur aus Anführungen an zweiter oder dritter Stelle, ja vielfach nur aus mündlichen Mittheilungen meiner Schüler und Anderer kennen gelernt haben.

Unter diesen Umständen kann es auch nicht auffallen, wenn sogar die Urheberschaft dieser Methode gegenwärtig schon vielfach irrthümlich angegeben wird, wie denn z. B. dieselbe von Einigen als »eine von England herübergekommene Methode« bezeichnet wird, während von Anderen Sédillot*), B. Beck, Teale u. A. als Urheber derselben genannt werden!

Dieses sind die Momente, welche mich veranlasst haben, jetzt 16 Jahre nach meiner vorläufigen Bekanntmachung, nachdem ich inzwischen mehr als 200mal nach dieser Methode grössere Gliedmassen amputirt habe, dieselbe wie sie heut zu Tage auf Grundlage der vorliegenden reichen Erfahrung von mir geübt und gelehrt wird, einer ausführlichen Beschreibung und Würdigung zu unterziehen.

---

*) Auf eine Berichtigung dieser Irrthümer brauche ich hier nicht näher einzugehen, da sich dieselbe aus der vorstehenden Darstellung von selbst ergiebt. Nur bezüglich Sédillot, der in König Handbuch der Chirurgie, zweite Aufl. 1879. Bd. II. pg 930 ohne nähere Angabe als Erster bei der Anführung der in Rede stehenden Methode genannt wird, habe ich anzuführen, dass sich in den Aufsätzen desselben sowie namentlich auch in den beiden Auflagen von dessen Médecine opératoire kein Wort von dieser Methode findet. Vielmehr hat Sédillot meine Methode erst im August 1870 durch mündliche Mittheilung von einem meiner früheren Schüler, Dr. Bever kennen gelernt, der damals als Oberarzt bei der K. Württ. Division in den Feldspitälern nach der Schlacht bei Wörth und Weissenburg thätig war und hier mit Sédillot, der in den französischen Kriegslazarethen dirigirte, zusammentraf.

Allgemeine Betrachtung der einzelnem Momente der Amputation.

In dem Folgenden werde ich zunächst diejenigen Momente näher besprechen und dabei zugleich die Regeln angeben, welche sorgfältig befolgt werden müssen, wenn anders diejenigen Vortheile in der That erzielt werden sollen, welche man von einer nach dieser Methode richtig ausgeführten Amputation zu erwarten berechtigt ist. Der Reihe nach kommen zur Besprechung

die Bildung des Hautlappens,

die Durchschneidung der Muskeln,

die Ablösung der Beinhaut,

die Durchsägung und Abrundung des Knochens,

die Blutstillung und die Verhütung des Blutverlustes.

1. Bei der Bildung des Hautlappens ist zu berücksichtigen die Stelle, die Grösse, die Form und die Dicke des Lappens.

Was zunächst die Stelle betrifft, so wählt man in der Regel die Haut an der vordern Fläche des zu amputirenden Gliedes zur Lappenbildung, oder noch richtiger die Haut an derjenigen Fläche des Gliedes, welche bei der Rückenlage des Amputirten im Bette die obere Fläche des Gliedes einnimmt, so dass der gebildete Hautlappen seiner Schwere folgend vor oder auf der Wundfläche vorhangartig herabhängt.

Von dieser Regel wird nur dann Umgang genommen, wenn die Haut an der eben bezeichneten Fläche des Gliedes unterhalb der beabsichtigten Amputationsstelle so beschaffen, z. B. so von Narben oder Geschwüren eingenommen ist, dass sie sich nicht zur Lappenbildung eignet, und dass man daher um passende Haut zu bekommen, die Amputationsstelle an dem Gliede erheblich weiter hinauf, d. h. dem Stumpfe näher legen müsste. Unter diesen Umständen und zumal, wenn von einem solchen Höherhinaufverlegen der Amputationsstelle irgend ein Nachtheil zu befürchten wäre, wie z. B. eine geringere Gebrauchsfähigkeit des zurückbleibenden Amputationsstumpfes als bei einer weiter peripherisch angelegten

Amputation, wählt man eine andere Seite des Gliedes, an welcher zur Lappenbildung geeignete Haut in genügender Menge vorhanden ist.

Demgemäss habe ich schon mehrfach bei Amputationen des Oberschenkels den Hautlappen von der äusseren oder inneren Seite des Gliedes entnommen, so dass er von der betreffenden Seite her über die Amputationsfläche hinübergelegt ward.

Bei Amputationen des Unterschenkels wegen umfangreicher Geschwürsbildung an der vorderen Fläche desselben, die direct oder mit einem dünnen Narbensaume bis nahe an die Tuberositas tibiae emporreichte, habe ich sogar auch die Haut an der hintern Seite des Gliedes aus der Wade zur Bildung des Lappens benutzt, denselben von unten und hinten nach vorn und oben über die Wunde hinaufgeschlagen und hier durch die blutige Naht befestigt. In einem dieser Fälle erfolgte die Heilung fast vollständig durch schnelle Vereinigung, so dass der Amputirte schon nach 14 Tagen geheilt entlassen werden konnte.

An welcher Seite des Gliedes auch der Hautlappen gebildet werden mag, stets hat man darauf Rücksicht zu nehmen, dass die Basis dieses Hautlappens und damit auch der an derselben vorzunehmende Zirkelschnitt durch die Muskulatur an eine Stelle gelegt wird, welche reichlich 3 — 4 Centimeter weit unterhalb der Stelle zu liegen kommt, an welcher man den Knochen zu durchsägen beabsichtigt. Auf diese Weise wird eine ringförmige Fleischmasse von 3—4 Centimeter Breite gewonnen, welche nach der Durchsägung des Knochens in der gleichen Breite über die Sägefläche desselben mit leichtester Mühe vorgezogen und über das freie Knochenende hinübergelegt werden kann und so eine passende weiche Unterlage für den über den Knochenstumpf hinüberzulegenden Hautlappen bildet.

Verfährt man nicht in dieser Weise, sondern schneidet man die Muskulatur dicht an der Basis des Hautlappens quer durch bis auf den Knochen und sägt den letztern an der von dem Muskelschnitte getroffenen Stelle gerade ab, so ragt das Knochenende aus der Muskelmasse in dem Grade hervor, in welchem sich die letztere nach ihrer Durchschneidung zusammen und nach oben zurückzieht, drückt gegen den darüber herabgeschlagenen Hautlappen von innen her an und führt so sehr leicht zu einer ulcerösen Perforation desselben.

Die Grösse des Hautlappens muss so genommen werden, dass die Breite seiner Basis etwas mehr als die Hälfte des Durchmessers des Gliedes und seine Höhe mindestens 2,3 desselben beträgt. Es müssen somit Anfang und Ende des Hautschnittes an zwei einander gerade entgegengesetzten Seiten des Gliedes gelegt werden und zwar so, dass bei dem Hautlappenschnitt an der Vorderfläche des Gliedes die Entfernung der beiden Endpunkte dieses Schnittes über den vordern (oder obern) Umfang des Gliedes gemessen etwas mehr als die Messung über den hintern (oder untern) Umfang des Gliedes ergiebt. Eben so muss auch der am weitesten nach unten reichende Theil des Hautschnittes von einer die beiden Endpunkte dieses Schnittes verbindenden geraden Linie so weit entfernt gelegt werden, dass diese Entfernung mindestens $2/3$ bis $3/4$ des Glieddurchmessers gleich kommt.

Hiemit ist denn auch schon die Form des Hautlappens angedeutet, der im Wesentlichen eine halbe Scheibe darstellt, deren Basis continuirlich in die Haut des Gliedes übergeht, deren freier bogenförmiger Rand je nach der Form des Gliedes an der Amputationsstelle eine bald flacher bald steiler aufsteigende Bogenlinie beschreibt, oder mehr ein Viereck mit stark abgerundeten freien Ecken darstellt.

Von der grössten Wichtigkeit ist die Dicke des Hautlappens, d. h. die Anzahl der Gewebsschichten, aus denen man ihn bestehen lässt, und ist hier um so mehr auf diesen Punkt aufmerksam zu machen, als ich schon wiederholt in chirurgischen Schriften unrichtige Vorschriften in dieser Beziehung gefunden habe, deren Befolgung nur zu leicht zu einem Misslingen, d. h. zu einem brandigen Absterben des gebildeten Hautlappens führen kann.

Man muss nämlich bei der Bildung des Hautlappens das Messer überall vollständig durch das Unterhautzellgewebe und durch die Fascie hindurch eindringen lassen, wenn dabei auch die Muskeln oberflächlich angeschnittn werden, und dann die Flächentrennung des Hautlappens in dem lockern Zellgewebe zwischen Fascie und Muskelmasse vornehmen, indem man in der Richtung von dem

freien Rande des Lappens nach dessen Basis hin möglichst gleichmässig in dessen ganzer Breite hin vorschreitet. Diese Trennung
lässt sich überall da wo die Fascie unmittelbar auf Muskelgewebe
ruht, sehr leicht vornehmen, zuweilen schon durch mässiges Anziehen des Hautlappens unter geringer Nachhülfe mit dem immer
dicht an der Muskelsubstanz geführten Messer, da die Verbindung
zwischen Fascie und Muskel meistentheils nur durch ein sehr lockeres Zellgewebe vermittelt wird. Wo dagegen von der Fascie Fortsetzungen in die Tiefe zwischen die Muskeln hinein sich erstrecken,
sei es um dort Scheiden für einzelne Muskeln oder für die dort
laufenden grossen Gefäss- und Nerven-Stämme zu bilden, wie dieses
letztere namentlich am Oberschenkel und am Oberarm der Fall
ist, muss die Abtrennung der Fascie von diesen Fortsetzungen durch-
weg mit dem Messer vorgenommen werden.

Letzteres muss auch an solchen Stellen geschehen, an denen
in Folge früherer Erkrankungen die Fascie unmittelbar und fest mit
den Muskeln zusammenhängt, und kann man hier ganz gut die
Trennung in der Muskelsubstanz vornehmen, so dass eine oberfläch-
liche Parthie davon an der untern Fläche der Fascie sitzen bleibt,
wie man denn überhaupt auch von dem subfascialen Zellgewebe
möglichst viel an der Fascie zu erhalten suchen muss.

Die vorstehende Vorschrift über die Dicke des Hautlappens
findet ihre Begründung in dem anatomischen Verhalten der Ernährungsarterien der Haut. Bekanntlich laufen die Arterien-Stämm-
chen, aus deren Verzweigungen die Ernährungsgefässe der Haut
hervorgehen, nirgends in längerer Strecke dicht unter dem Cutis-
gewebe demselben parallel fort, sondern dieselben gehen zumal an den
Gliedmassen successive aus der unter der Fascie und zwischen der Muskeln verlaufenden Arterienstämmen hervor, aus welchen diese Stämm-
chen direct oder gemeinschaftlich mit Muskelästen entspringen und
in ziemlich grader Richtung zur Haut emporsteigen. Erst nachdem
diese Hautgefässstämmchen die Fascie durchbohrt haben, lösen sie
sich in eine ziemlich grobmassiges arterielles Gefässnetz auf, welches
in dem Fettzellgewebe zwischen Fascie und Cutis der Fläche nach
sich ausbreitend das Glied ringsum umgiebt. Aus diesem Gefässnetz steigen dann in senkrechter Richtung zur Cutis die kleineren
Arterienästchen empor, welche sich in dem Gewebe der Cutis selbst

in das deren Ernährung etc. vermittelnde äusserst enge Capillar-
gefässnetz auflösen.

Es ist hieraus von selbst ersichtlich, dass wenn bei der Bildung des Hautlappens die direct zu demselben aus der Tiefe empor-
steigenden Ernährungsarterien vor ihrem Durchtritt durch die Fascie
durchschnitten werden, dabei aber das ganze Netz ihrer Verzweigungen zwischen Fascie und Cutis unverletzt bleibt, dieses Netz in
kürzester Frist wieder vollständig vom Blut durchströmt werden
kann, und zwar von dem Blute, welches durch die oberhalb der
Basis des Hautlappens gelegenen und ungetrennt gebliebenen Ar-
terienstämmchen und deren Verzweigungen in dieses Netz hinein-
geleitet wird.

Wird dagegen die Bildung des Hautlappens dadurch vorgenommen, dass die Cutis innerhalb des subcutanen Zellgewebes von
der Fascie mit dem Messer abgetrennt wird, so kann dieses nicht
anders geschehen, also dass dabei zahlreiche Trennungen, Durch-
schneidungen und Ausschneidungen an dem dort gelegenen Arterien-
netze gemacht werden, durch welche die Wiederherstellung des
Blutlaufes in demselben in hohem Grade beschränkt, ja stellenweise
ganz unmöglich gemacht werden muss. Dergleichen Unterbrech-
ungen des Blutlaufes müssen aber nothwendig eine ihrer Ausdehnung entsprechende Aufhebung der Ernährung der betroffenen Hautparthie und damit theilweises oder gänzliches Absterben des so
gebildeten Hautlappens zur Folge haben.

2. Die Durchschneidung der Muskulatur wird immer
dicht an der Basis des nach aufwärts zurückgeschlagenen Hautlappens
vorgenommen mittelst zweier abgesetzter Messerzüge mit dem gra-
den Amputationsmesser, welches senkrecht auf die Längsachse des
Knochens geführt wird. Der erste Messerzug wird an der dem
Hautlappen entgegengesetzten Seite also gewöhnlich an der untern
Seite des Gliedes geführt und dringt zu gleicher Zeit durch Haut
und Muskeln, welche beide dabei eben so wie bei dem gewöhnlichen
Zirkelschnitte möglichst stark nach oben von dem Gehülfen zurückgezogen werden müssen. Der zweite obere Theil des Schnittes wird
nur durch die von ihrer Hautbedeckung entblösste Muskelmasse
geführt.

3. Die nun folgende Ablösung der Beinhaut von dem

Knochen bildet einen sehr wesentlichen Theil des ganzen Operations-
verfahrens.

Wie schon erwähnt wird die Durchsägung des Knochens nicht
an der Stelle vorgenommen, an welcher der Zirkelschnitt durch die
Muskeln auf den Knochen gedrungen ist, sondern 3—4 Centimeter
weiter aufwärts nach dem Rumpfe zu, und soll die ganze Strecke
der Beinhaut, welche zwischen diesen beiden Stellen gelegen ist, in
der gleich zu beschreibenden Weise erhalten und zur Bedeckung der
Knochenwundfläche verwendet werden. Es hat dieses Verfahren
einen doppelten Zweck.

Zunächst wird durch diese wenn ich so sagen darf Fleischersparniss erheblich mehr Bedeckungsmasse für das Knochenende
gewonnen und damit zugleich auch eine Art Unterpolsterung des
Hautlappens erzielt, durch welche ein nachtheiliges Angedrücktwer-
den der Haut gegen die Ränder des Knochenendes verhindert oder
wenigstens sehr gemildert wird.

Zugleich wird hiedurch auch eine bessere, mehr abgerundete
Form des Stumpfes erhalten. Wenn derselbe auch späterhin durch
das Schwinden der Muskelmasse des Stumpfendes und durch deren
Umwandlung in fibrilläres Bindegewebe von seiner ursprüng-
lichen kolbigen Form einbüsst, so bleibt doch bei diesem Verfahren späterhin noch immer mehr Gewebsmasse um das freie
Knochenende herum und unter der Haut sitzen, als wenn gleich
von vorn herein der Hautlappen unmittelbar auf die Knochenwundfläche aufgelegt wird, und behält namentlich auch diese bedeckende
Hautparthie eine grössere Verschiebbarkeit auf oder über dem Knochenende selbst.

Der andere Grund ist sodann der, für die anzulegende Knochenwundfläche die passendste d. h. die am leichtesten zur Verwachsung mit ihr gelangende Bedeckung zu gewinnen, und diese ist ohne
alle Frage das Periost und zwar selbstverständlich ein Periost, welches
in seinen Ernährungsverhältnissen möglichst wenig beeinträchtigt
worden und daher dem Absterben weniger ausgesetzt ist. Bekanntlich erhält das Periost der grossen Röhrenknochen von zwei Seiten
her seine ernährenden Blutgefässe, nämlich einerseits aus dem Gefässnetz, welches das den Knochen zunächst umgebende Zellgewebe
und die daran stossende Muskelmasse durchsetzt und andererseits

aus den innerhalb des Knochens selbst befindlichen Gefässen, welche
durch die Mündungen der Havers'schen Kanäle an der Oberfläche
des Knochens zahlreiche Gefässchen nach aussen entsenden und in
die Beinhaut eintreten lassen, um sich dort zu verzweigen und
mit den Capillaren der ersten Gruppe innigst zu verbinden.

Von selbst ergibt sich hieraus, dass, wenn aus dem Periost
das durch Abtrennung der dasselbe umgebenden und bedeckenden
Weichtheile blos gelegt worden ist, ein grösseres Stück in Form
eines Lappens umschnitten und von dem Knochen abgetrennt wird,
dieser Periostlappen seiner directen Blutzufuhr gänzlich beraubt ist
und seine Ernährung lediglich auf diejenigen Gefässe beschränkt
ist, welche aus der anstossenden in seiner normalen Verbindung
gebliebenen Periostparthie in die Basis dieses auf beiden Flächen iso-
lirten Periostlappens eintreten, grade wie dieses bei den Hautlappen
bei plastischen Operationen der Fall ist. Die Wiederherstellung des
Kreislaufs und der Ernährung in einem solchen Periostlappen wird
selbstverständlich um so unvollkommener zu Stande kommen, je
schmäler und je länger ein solcher gebildet worden ist, und dementsprechend grösser muss die Gefahr des Nichtanheilens und Absterbens dieses Lappens ausfallen.

Umgekehrt wird dagegen diese Gefahr um so geringer sein,
wenn die Periostparthie, die zur Bedeckung der Knochenwundfläche von dem Knochen abgehoben werden soll, einerseits in
ungestörtem Zusammenhange mit den sie von aussen umgebenden
gefässreichen Weichtheilen belassen wird und wenn sie andererseits
in breitestem Zusammenhange mit dem übrigen nicht abgelösten
Periost gelassen wird. Mit andern Worten, es ist viel zweckmässiger, wenn zur Bedeckung der Knochenwundfläche nicht ein
Periost l a p p e n, sondern die vollständige Periost r ö h r e in ihrem
ganzen Umfange um das wegfallende Knochenstück genommen wird,
und wenn diese zugleich an ihrer Aussenseite in ungestörtem Zusammenhange mit ihrer Umgebung gelassen worden ist.

Demgemäss verfahre ich bei der Ablösung des Periosts in der
Weise, dass ich an der Stelle, an welcher das Amputationsmesser
bei dem Zirkelschnitt den Knochen getroffen und die Beinhaut einge-
schnitten hat, zunächst die Beinhaut mit dem Knochenmesser (pg. 34)
ringsum vollständig durchschneide und dann von dieser Stelle aus

3—4 Centimeter lang ebenfalls ringsum mit dem an diesem Messer angebrachten Elevatorium (vergl. pg. 34) sammt allen aussen ihr anhängenden Gewebstheilen nach aufwärts in die Höhe schiebe.

Dieses Ablösen und Nachaufwürtsschieben des Periosts muss immer mit grösster Vorsicht und Behutsamkeit, mit möglichster Vermeidung von Zerreissung und Zerquetschung desselben geschehen, darf daher nicht zunächst nur an einer Seite des Knochens oder gar nur an einer schmalen Stelle desselben und dann erst an den übrigen Seiten des Knochens der Reihe nach vorgenommen werden. Vielmehr muss dieses Ablösen rings um den Knochen an allen Seiten gleichmässig aufsteigend geschehen, etwa in der gleichen Weise, um einen Vergleich zu gebrauchen, wie wenn man einen Handschuhfinger nach aussen umgestülpt von dem Finger langsam herunterzieht.

Man darf daher zunächst nur an der obern Fläche des Knochens die Beinhaut mit dem Elevatorium einige Millimeter weit aufwärts zurückstreifen und dann ebenso an den beiden Seitenflächen des Knochens zu dessen hinterer Seite vorgehen, ehe man wieder an der vordern Seite aufwärts steigt. An Stellen, an denen die Beinhaut besonders fest an dem Knochen haftet, wie z. B. an der Linea aspera femoris, schneidet man mit dem Knochenmesser die sich nicht loslösenden Periostfasern dicht an dem Knochen durch.

In der angegebenen Weise vorsichtig mit dem Elevatorium nach oben fortschreitend gelingt es nicht selten die Beinhaut, wenn sie nicht gar zu dünn ist, bis zu der beabsichtigten Durchsägungsstelle hin in einem zusammenhängenden röhrenförmigen Stücke abzulösen. Am leichtesten pflegt dieses an dem untersten Drittel des Schenkelknochens bei jugendlichen Individuen zu gelingen, bei denen die Beinhaut meist sehr dick und gefässreich ist und dabei mit dem Knochen nur in lockerer Verbindung zu stehen pflegt. In solchen Fällen habe ich oft gesehen, dass wenn nach der Durchsägung des Knochens der Schnittrand der Weichtheile inclusive Beinhaut gefasst und angezogen wurde, man in die leere Periosthülse wie in eine von glatten Wänden ausgekleidete röhren- oder kegelförmige Höhle von der Form und Grösse des entfernten Oberschenkelknochenstückes hineinsehen konnte.

Auf die Zweckmässigkeit der Bedeckung der Sägefläche des

Knochens durch Beinhaut ist schon längst und wiederholt aufmerksam gemacht worden. So schreibt schon Ph. v. Walther*) die rasche, grösstentheils durch adhäsive Entzündung erfolgte Heilung zweier Oberschenkel- und einer Unterschenkelamputation diesem ihm eigenthümlichen Verfahren zu. »Das grösste Hinderniss der Heilung der Amputationswunden ohne Eiterung besteht nämlich in der geringen Neigung des abgestumpften Knochens, sich mit den Weichgebilden im Hintergrunde der Amputationswunde zu vereinigen. Kann man nur den Knochenstumpf mit einem Theile bedecken, welcher der Knochensubstanz an und für sich selbst schon mehr homogen, leichter· und bereitwilliger mit dieser zusammenwächst, so ist jenes wichtige Hinderniss beseitigt. Ein solcher Theil ist die Beinhaut. Ich trenne die Beinhaut z. B. am Oberschenkel ³/₄ Zoll unter der Stelle, wo der Knochen durchsägt werden soll, d. h. im Kreisschnitt; ich schiebe sie alsdann zurück, so, dass sie eine Kappe bildet, welche nach geschehener Durchsägung des Knochens über die Wundfläche desselben herüber fällt, sie bedeckt, in kurzer Zeit anwächst und so die Grundlegung zu der Narbe bildet.«

In neuester Zeit war es besonders Feoktistow**) in Petersburg, welcher die Erhaltung der Beinhaut bei Amputationen anempfahl und deren Nutzen durch Beobachtungen am Menschen und durch Versuche an Thieren zu beweisen sich bemüht hat. Eben so entschieden hat sich v. Langenbeck***) für die Erhaltung der Beinhaut ausgesprochen, wenn er auch vielleicht darin etwas zu weit geht, dass er diese »Ueberpflanzung des Periosts« auf die Knochensägefläche als eine Conditio sine qua non für den günstigen Erfolg der Amputationsmethode durch Zirkelschnitt mit vorderem Hautlappen glaubt aufstellen zu müssen. Seinem Ausspruche »ohne Deckung durch das Periost würde die Haut viel leichter gangränös werden« kann ich nicht wohl beipflichten, da aus der hier gegebenen Beschreibung meiner Methode erhellt, dass

---

*) Uebersicht der Krankheitsfälle im chirurgischen Klinikum in Landshut im Jahre 1813. Medicinisch-chirurgische Zeitung. Salzburg 1814. Bd. I. pag. 427.
**) Berliner klinische Wochenschrift. Jahrgang 1865. nr. 2. pg. 12.
***) Berliner klinische Wochenschrift 1870. nr. 13. pg. 162.

zwischen Haut und Beinhaut immer noch Muskelmasse liegen gelassen wird.

Eine wesentliche Erleichterung und Förderung der Verwachsung der erhaltenen Beinhautparthie mit der Knochenwundfläshe finde ich in der pg. 24 näher beschriebenen Abrundung des Knochenendes, indem dadurch nicht nur ein glattes Hinüberlegen der Beinhaut über die Knochenwundfläche ermöglicht und die sonst Statt findende scharfe Knickung derselben über den rechtwinkligen Sägerand vermieden wird, sondern auch die Beinhaut mit einer gefässreicheren Knochenfläche in Berührung gebracht wird, welche deren Anwachsung nothwendig förderlich sein muss.

Als Hauptvortheil dieses Verfahrens mit der Beinhaut möchte ich hier noch neben der grösseren Schnelligkeit der Heilung der Amputationswunde die Verhütung von Nekrose an dem Knochenstumpfe anführen, zum Theil auch den Vortheil, dass bei Amputationen in der Diaphyse der langen Röhrenknochen durch die Bedeckung der geöffneten Markröhre mit der herabgeschlagenen Beinhaut der Einwirkung von Schädlichkeiten in der Weichtheilwunde auf die Marksubstanz des Knochens gewissermassen eine Schranke entgegengesetzt, die Fortpflanzung von Krankheitsprocessen in der Wunde auf das Markhöhlengewebe erschwert und beschränkt wird.

Auf der andern Seite möchte ich aber auch die Möglichkeit einer ungünstigen oder nachtheiligen Folgewirkung dieses Verschlusses der Markhöhle durch das Periost nicht ganz in Abrede stellen, z. B. durch Zurückhaltung von Eiter oder Jauche etc. in Folge von osteomyelitischer Entzündung, gehe jedoch in dieser Hinsicht nicht so weit, wie es Lücke*) gethan hat. Wenn derselbe sagt »ich habe selbst einen Fall gesehen, wo gerade dieses Zudecken der Markhöhle Ursache des Todes wurde, weil der gequollene Periostlappen einem am äussersten Ende der Markhöhle gebildeten Abscesse keinen Abfluss gestattet hatte«, so vermag ich doch nicht lediglich in dem Zurückhalten dieses Eiters die einzige und ausschliessliche Ursache des eingetretenen Todes zu erblicken.

4. Bezüglich der Durchsägung des Knochens ist hier nur daran zu erinnern, dass dieselbe einige Millimeter weit unter-

---

*) Archiv für klinische Chirurgie. Berlin 1869. Bd. XI. pg. 178.

halb der Stelle vorgenommen wird, bis zu welcher hin das Periost
von dem Knochen abgetrennt worden ist, und zwar während die
abgelöste Periostparthie nach oben zurückgeschlagen ist und in
dieser Lage sammt allen übrigen Weichtheilen von einem Gehülfen festgehalten wird. Auf diese Weise vermeidet man, dass
beim Sägen nicht einzelne Zähne der Säge in die Umschlagsstelle der Beinhaut hineingreifen und in dieser Zerreissungen machen, die bezüglich der Erhaltung der abgelösten Beinhautparthie
von viel nachtheiligeren Folgen sein müssen, als dieses bei dem
Einreissen des gewöhnlichen einfachen Schnittrandes der Beinhaut
sein würde.

Da der scharfkantige Rand an der äussern Peripherie der Sägefläche des Knochens namentlich an der obern oder vordern Seite
des Knochens, leicht einen nachtheiligen Druck und Reiz auf die
über ihn herabgeschlagenen Weichtheile ausüben kann und namentlich auf das unmittelbar über ihn gelegte Periost, so pflege ich
diesen scharfen Rand stets ringsum abzurunden. Mit einer starken
gut schneidenden Hohlmeisselzange kneipe ich ringsum von der
Sägefläche des Knochens in kleinen Stückchen so viel Knochenmasse ab, bis deren äusserer scharfer Rand ganz verschwunden ist,
und die äussere Fläche des Knochens von der Ablösungsstelle
der Beinhaut an unter einem abgerundeten Winkel in die die
Markhöhle zunächst umgebende Knochenmasse übergeht und der
tastende Finger auf dieser neuen Wundfläche nirgends mehr
scharfe Kanten oder Spitzchen wahrnehmen kann. Am ergiebig-
sten wird diese Abrundung an der vordern Fläche des Knochen-
randes und nächstdem an der hintern Fläche vorgenommen, so dass
das Knochenende eine leichte von vorn nach hinten laufende Wölbung darbietet.

Durch dieses eben beschriebene Verfahren erreiche ich noch
den weitern Vortheil, dass die Periosthülse über eine gefässreichere
Knochenwundstelle hinübergelegt wird und eben dadurch auch mit
dieser leichter eine rasche Verklebung und Verwachsung eingehen
kann, zumal sie sich dieser abgerundeten Knochenfläche auch noch genauer und gleichmässiger anlegen kann. Die mit der Hohlmeisselzange hergestellte Wundfläche der Rindensubstanz des Knochens
sieht immer stark röthlich aus, während die Sägefläche keine Spur

einer solchen Färbung zeigt, offenbar weil auf ersterer eine grössere
Anzahl Havers'scher Kanälchen der Länge nach geöffnet und die
darin verlaufenden Gefässchen freigelegt sind, während diese Kanälchen auf der Sägefläche sämmtlich quer durchtrennt sind und über-
dies auch deren Blutgefässchen vielfach durch die Sägezähne ver-
letzt und herausgerissen sein mögen.

Durch die angegebene Behandlung des Knochenstumpfes wird
in gewisser Weise das Bestreben der Natur von der Hand des Wund-
arztes unterstützt und durch dieselbe in kürzester Frist Das bewirkt,
was sonst von der Natur in sehr langsamer Weise zu Stande gebracht
wird, wie man an jedem amputirten Röhrenknochen sehen kann,
dessen Inhaber die Amputation längere Zeit überlebt hat.

Bekanntlich erfolgt ja die Heilung der Amputationswunde des
Knochens, das Ausbleiben von Nekrose vorausgesetzt, in der Regel
in der Weise, dass durch sog. lacunäre Einschmelzung von Knochensubstanz, welche von dem Gefässgewebe in den Hawers'schen Kanälchen
vollbracht wird, die Wandung der Markröhre poröser und dünner
gemacht und an ihrem untersten Ende abgerundet wird, wie dieses
schon von Louis *) beschrieben und abgebildet worden ist. Neben
dieser Resorption von Knochensubstanz findet gleichzeitig auch
immer Neubildung von Knochensubstanz, vorzugsweise an der Oberfläche des Knochens Statt. Dieselbe erfolgt zunächst an dem untersten Ende des Knochenstumpfes, wodurch die eben entstandene
Resorptionsfläche wieder mit einer neugebildeten dünnen Lage com-
pacter Knochensubstanz bedeckt wird und setzt sich von hier aus
meist auch über das klaffende Lumen der Markröhre fort, so dass
sie dasselbe als ein leicht gewölbter dünner Deckel von Knochensubstanz verschliesst.

Gleichzeitig erfolgt die Neubildung von Knochensubstanz auch
noch weiter aufwärts an dem Knochen unter dem intact sitzen
gelassenen Periost und bildet hier entweder nur eine neue dünne
Schichte oder Scheide um den alten Knochen herum oder sie
erhebt sich auf der Oberfläche des Knochens in reichlicherer
Menge, stellenweise in Form von Stacheln, Zacken, Kämmen,
Knollen etc.

---

*) Mémoires de l'Académie de chirurgie. Nouvelle édition. Paris 1819.
T. II. p. 198. Planche 16. fig. 1 und 2.

Schliesslich sei hier noch kurz erwähnt, dass bei Knochen, welche dicht unter der Haut liegen und nach der Durchsägung bei der Amputation eine stark vorragende Ecke bilden — wie dieses am ausgesprochensten bei der Tibia nach der Amputation im obern Drittel des Unterschenkels der Fall ist — dass in diesen Fällen die beschriebene Abrundung nicht genügt, sondern eine keilförmige Abtragung in der Weise vorgenommen werden muss, wie sie später näher beschrieben werden wird.

5. Zur Verhütung oder vielmehr zur Beschränkung der Blutung aus den Blutgefässen, besonders aus den Arterien, welche bei der Amputation durchschnitten werden, ist eine Unterbrechung des Blutlaufes in denselben durch Compression oberhalb der Amputationsstelle unerlässlich.

Am schonendsten und für den Kranken weitaus am angenehmsten wird diese Compression durch Druck mit den Fingern auf den betreffenden Hauptarterienstamm bewirkt — Digital-Compression —, an den oberen Extremitäten durch Andrücken der A. axillaris gegen den Hals oder Kopf des Oberarmbeins und an den unteren Extremitäten durch Zusammendrücken der A. cruralis auf dem horizontalen Schambeinaste. Es gehört hiezu aber bekanntlich ein sachverständiger gut eingeübter Gehülfe, der es genau versteht an der rechten Stelle mit der rechten, (nicht zu starken!) Kraft zu drücken und der bei eintretender Ermüdung in Folge längerer Dauer der Compression die Finger ohne Unterbrechung des Druckes zu wechseln im Stande ist. Bei einer gut ausgeführten Digitalcompression habe ich oft selbst den Oberarm und Oberschenkel ohne allen Blutverlust fast ganz trocken amputirt, allein solche gute Gehülfen sind sehr selten und desshalb ist gegenwärtig auch die Digitalcompression in seltner Anwendung bei den Amputationen.

Mit vollkommener Sicherheit wird diese Zusammendrückung der Blutgefässe bewirkt durch eine kreisförmige Zusammenschnürung des Gliedes eine Strecke weit oberhalb der Amputationsstelle mittelst eines fest umgelegten Kautschuckschlauches oder einer Binde aus Leinwand, Kautschuck, oder Barchent, im Nothfalle eines Strickes oder einer strickförmig zusammengedrehten schmalen Binde aus Leinen oder Baumwollenzeug, welche letztere wie bei dem gewöhnlichen Feldturnikett mit einem durchgesteckten Stäbchen als

Knebel angezogen und befestigt werden. Alle die bisher gebräuchlichen Aderpressen, Turniketts und Compressorien sind bei Amputationen durch diese einfache Mittel zur kreisförmigen Zusammenschnürung des Gliedes entbehrlich gemacht worden.

Die früher gehegte Furcht, dass eine solche feste circuläre
Zusammenschnürung eines Gliedes an einer schmalen Stelle, wenn
sie bis dahin getrieben wird, dass sie den Blutkreislauf an dieser
Stelle vollständig, wenn auch nur eine verhältnissmässig kurze Zeit
hindurch unterbricht, sehr leicht nachtheilige Folgen haben können,
wie heftige neuralgische Beschwerden, Lähmung, Atrophie oder
rasches brandiges Absterben etc., ist gegenwärtig durch die inzwischen gemachten Erfahrungen vollkommen beseitigt worden. Wie
fremde und eigene Erfahrung genugsam dargethan hat, kann eine
solche kreisförmige Constriction eine halbe bis ganze Stunde und
noch darüber hinaus ohne allen Nachtheil fortgesetzt werden, und
gestatten diese Erfahrungen noch weiter die Annahme, dass in den
wenigen Fällen, in denen dergleichen nachtheilige Folgen eingetreten sein sollen, ein besonderer Umstand dabei mitgewirkt haben
muss, welcher letzterer allerdings auch schon in einem über das
erforderliche Maass weit hinaus gehenden Grade der Zusammenschnürung gelegen sein kann.

Zur Ausführung dieser kreisförmigen Zusammenschnürung bedient man sich am zweckmässigsten nach der Vorschrift von Esmarch eines Stückes der gewöhnlichen im Handel vorkommenden
Kautschukröhren (10 bis 13 Millimeter Durchmesser und 60—80
Centimeter Länge), welche stark ausgezogen an der erforderlichen
Stelle in 2—3 Touren kreisförmig um das Glied herum gelegt und
dann an seinen beiden Enden befestigt wird.

Zu dieser Befestigung habe ich mich anfangs theils der zu
diesem Zwecke ursprünglich angegebenen Vorrichtungen mit Kette
und Haken etc. theils eines einfachen Bändchens bedient; allein da das
Aufknüpfen dieses Bändchens behufs der Abnahme des Kautschuck-
rohres immer ziemlich umständlich und zeitraubend war und bei
dem Aufschneiden desselben mit der Scheere sehr leicht die Kaut-
schuckröhre mit angeschnitten wurde, so liess ich mir zu dem
in Rede stehenden Zwecke eine stählerne Klammer anfertigen,

die allen Anforderungen vollständig entspricht. [Man sehe weiter unten pg. 32 die nähere Beschreibung dieser Klammer.]

Um den zu operirenden Kranken auch diejenige Menge von Blut zu ersparen und zu erhalten, welche in dem bei der Amputation wegfallenden Theile des Gliedes enthalten ist, hat schon längst H. J. Brünninghausen *) gerathen, vor der Operation mittelst einer Flanellbinde das Blut aus diesem Theile hinaus und in den übrigen Körper zurückzutreiben. Dieser Rath ist jedoch nur von sehr wenigen Wundärzten beachtet und befolgt worden, wie denn u. A. auch von mir nur bei einzelnen Fällen von Amputation des Oberschenkels, wenn die Venen des Unterschenkels sehr erweitert und stark mit Blut gefüllt waren, bis erst in neuester Zeit Esmarch **) dieses Verfahren wieder aufgenommen und in sehr vervollkommneter Weise unter der Bezeichnung »Operation bei künstlicher Blutleere« beschrieben und auf eine grosse Anzahl von Operationen ausgedehnt hat. Die wesentliche Verbesserung besteht hauptsächlich in der Benutzung eines zur Ausübung der Compression viel mehr geeigneten Materiales, nämlich des durch seine grosse Elasticität ausgezeichneten Kautschucks ***), und zwar einerseits als Binde andererseits als Schlauch. Mit der Kautschukbinde wird die betreffende Extremität von ihrem freien Ende an bis nahe an ihr Rumpfende hin eingewickelt und und dann dicht über ihr der Kautschuckschlauch circulär fest angelegt, worauf die Binde abgenommen und die beabsichtigte Operation an dem nun fast blutleeren Gliede vorgenommen wird.

So rasch nun auch dieses Esmarch'sche Verfahren allgemeine Verbreitung gefunden hat und so Vorzügliches dasselbe auch leistet

---

*) H. J. Brünninghausen Erfahrungen und Bemerkungen über die Amputation. Bamberg und Würzburg, 1818 p. 73 schreibt: »Bei diesem Gliede (Oberschenkel) und auch wohl bei anderen lasse ich wenn der Kranke schwach und arm an Blut ist, vor der Operation die Einwicklung mit einer Flanellbinde von dem äussersten Ende bis nahe an den Ort des Schnittes fest anlegen, damit jenes Blut, welches sich gewöhnlich und besonders nach der Anlegung des Tourniquets in der Vene übermässig anhäuft und bei den Haut- und Fleischschnitten rein verloren geht, dem schwachen Kranken erhalten werde.«

**) Fr. Esmarch, über künstliche Blutleere bei Operationen. Leipzig 1873.

***) Fr. Esmarch a. a. O. pg. 10.

bei allen Operationen an den Gliedmassen, bei denen während des
Operirens eine genaue Besichtigung und Erkenntniss der verschiedenen Gewebe in der Operationswunde selbst nothwendig ist, so ist
doch die Anwendung desselben bei Amputationen jetzt schon wieder sehr im Abnehmen begriffen. Es kann dieses übrigens auch
nicht sehr auffallen, wenn man folgende Momente in Erwägung
zieht.

Die Menge des Blutes, welche durch die elastische Einwicklung
vor der Operation aus dem wegfallenden Theile des Gliedes in den
übrigen Körper zurückgetrieben wird, ist in der That nur ein sehr
geringes Quantum *). Bei Amputationen am Vorderarm und Unterschenkel und selbst am Oberarm ist diese Blutmenge so klein, dass sie
gar nicht in Betracht kommen kann, so dass es eigentlich nur die Amputationen des Oberschenkels sind, bei denen eine solche Bluter-
sparniss von Werth sein könnte; allein auch bei diesen beträgt die
Menge des Blutes, welche unter gewöhnlichen Umständen aus dem
Fusse und Unterschenkel durch die elastische Einwickelung hinaus-
getrieben und somit erspart werden kann, durchschnittlich nur
zwischen 100 und 200 Cubikcentimeter, — eine Blutmenge, der man
sicherlich nur ausnahmsweise einen erheblichen Werth zuschreiben kann.

Dazu kommt noch, dass diese Ersparniss an Blut reichlich
wieder aufgewogen wird durch den Verlust von Blut, welches sofort nach Abnahme des Compressionsschlauches aus der ganzen
Amputationswundfläche hervordringt. Fremde und eigene Erfahrungen haben schon zur Genüge dargethan, dass diese Blutung
immer viel reichlicher ist als die Blutung, welche bei einfacher
Anwendung der Compression (d. h. ohne vorangeschickte elastische
Einwicklung, mittelst Druck durch Kautschuckschlauch), Turniket
und namentlich durch Digitalcompression, nach Aufhebung dieses
Druckes eintritt. Auch bei der raschesten und energischsten Anwen-

---

*) Nach hierorts von meinem Sohn P. B r u n s angestellten Versuchen
(Archiv für pathologische Anatomie und klinische Medicin von Virchow 1876 ·
Bd. 66. p. 344) beträgt die Blutmenge, welche eine Extremität enthält, ungefähr $^1/_{20}$ ihres Gewichtes und können von dieser Menge etwa 60—70 Procent
durch die elastische Einwicklung ausgetrieben werden, während 30—40 Procent darin zurückbleiben.

dung der angezeigten Blutstillungsmittel: zahlreicher Ligaturen, Bespülung der Wundfläche mit Eiswasser, Anwendung des electrischen
Stromes (Riedinger) behufs Erregung lebhafter Contraction in
den Gefässwandungen und den sie umgebenden Muskelmassen etc.
geht immer eine viel längere Zeit hin, bis die vollständige Stillung
dieser Blutung gelingt, und kommt somit immer ein grösserer Blutverlust als bei dem gewöhnlichen Verfahren ohne vorgängige elastische Einwicklung zu Stande.

Hat man bei gut ausgeführter Digitalcompression den Oberschenkel amputirt und sorgfältig alle sichtbaren Blutgefässenden
aufgesucht und unterbunden, so sieht man nach Aufhebung des
Fingerdruckes kaum noch aus einzelnen kleinen arteriellen Gefässchen Blut in dünnem Strahl hervorspritzen und kann diese spritzenden Gefässe sofort mit leichtester Mühe unterbinden, so dass die
ganze Blutstillung von Anfang bis zu Ende auf einer ganz trockenen Fläche vor sich geht und der Operirte dabei nur ein Minimum
von Blut verliert.

Hat man dagegen in gleicher Weise und an gleicher Stelle
nach vorangeschickter elastischer Einwicklung und bei angelegtem
Kautschuckschlauche operirt, so kann man allerdings bis zur Lösung des Kautschuckschlauches in ganz gleicher Weise trocken
unterbinden, allein nach der Abnahme des Kautschuckschlauches
strömt sofort das Blut aus der ganzen Wundfläche in solcher Menge
wie aus einem Schwamme hervor, dass auch bei der schleu-
nigsten Blutstillung immerhin eine geraume Zeit vergeht und
während derselben mehr Blut verloren wird als die durch die vorangeschickte elastische Einwicklung ersparte Blutmenge beträgt.

Es wird daher in meiner Klinik bei Amputationen von der
Einwicklung mit der elastischen Binde meist Umgang genommen
und entweder sofort die circuläre Compression mittelst des Kautschuckschlauches vorgenommen oder nachdem zuvor durch Empor-
heben der zu amputirenden Extremität bis zur Vertikalen und durch
Streichen mit den umgelegten flachen Händen von dem freien Ende
des Gliedes (Hand oder Fuss) bis zu dessen Rumpfende hin das in
den grossen Unterhautvenen enthaltene Blut ausgetrieben und bis
über die Amputationsstelle hinauf zurückgedrängt worden ist.

Von selbst versteht es sich, dass in allen solchen Fällen, in

denen von einer solchen Manipulation ein Nachtheil auch nur entfernt zu befürchten wäre, wie z. B. beim Vorhandensein einer starken serösen oder sero-purulenten Infiltration traumatischen oder
nicht traumatischen Ursprungs, desgleichen beim Vorhandensein
eines jauchig zerfallenden Neubildung etc., auch von dieser Manipulation gänzlich abgestanden wird.

Instrumenten- und Verband-Apparat.

Der Instrumenten-Apparat wie er von mir bei Amputationen benutzt wird, setzt sich aus folgenden Stücken zusammen.

1. Ein Chloroformapparat, in der Regel der von mir
angegebene und in meinem Handbuche der chirurgischen Praxis
p. 346. fig. 291 und 292 abgebildete Apparat; dazu eine Flasche
mit Chloroform gefüllt und mit einem von zwei dünnen Metall-
röhren durchsetzten Korkstöpsel geschlossen, um nach Bedarf mit
Leichtigkeit kleine Mengen von Chloroform auf den Apparat nach-
giessen zu können.

2) Ein Carbol-Sprüh-Apparat mit 2—3 procentiger Carbolsäure-Lösung gefüllt. Zweckmässiger als die gewöhnlichen mit der
Hand getriebenen Spray-Apparate ist ein Dampf-Sprüh-Apparat
von hinreichender Grösse, weil er die Carbollösung unendlich viel
feiner zerstäubt und daher auch das ganze Operationsgebiet und
dessen Umgebung in einer lange nicht so unangenehmen Weise mit
Flüssigkeit überschwemmt, wie dieses bei Anwendung der gewöhnlichen Apparate der Fall ist, die durch Zusammendrücken von Kaut-
schuckballons mit der Hand in Thätigkeit versetzt werden.

Seit dem Anfang dieses Jahres wird in meiner Klinik bei allen
Operationen, welche in dem klinischen Operationssaale unter Carbolspray ausgeführt werden, der von Herrn Faust, Verwalter in
dem Krankenhause zu Barmen, construirte Sprüh-Apparat *) benutzt,
während in den Krankenzimmern die kleinen Hand- und Dampf-
Sprüh-Apparate gebraucht werden, untre welchen letzteren der von

---

*) Heusner, ein neuer Spray-Apparat. Deutsche medicinische Wochen-
schrift. Vierter Jahrgang. Berlin 1878. nr. 47. pg. 584.

D r. Teuffel und H enger in Stuttgart construirte Apparat der beste ist. Der Apparat von Faust besteht aus einem aufrecht stehenden mannshohen Cylinder von Kupferblech von ungefähr 1½ Cubikmeter Rauminhalt, und einer am Fusse dieses Cylinders angebrachten Luft-pumpe, welche durch Hin- und Herbewegen des Pumpenstempels Luft in den Cylinder treibt. Nach einem an dem Cylinder angebrachten Manometer kann der Luftdruck in den Cylinder bis auf 3 Atmosphären-druck gesteigert werden. Dieser Cylinder ist hier in einem Neben-zimmer des Operationssaales auf dem Boden befestigt und läuft von ihm ein bleiernes Leitungsrohr durch die Wand in den Operations-saal, und in dem Saale unter der Decke zur entgegengesetzten Wand hin und an dieser so weit abwärts, dass die an dem Ende dieses Lei-tungsrohres angebrachten zwei Schliesshahnen bequem zu erreichen sind. Von jedem Schliesshahnen läuft ein Gummirohr von 1 Meter Länge zu einer 4—5 Liter 2%iger Carbolsäurelösung enthaltenden Glasflasche, welche mit den beiden bekannten Röhrchen versehen ist. Auf die freien Enden dieser beiden Röhren sind zwei unge-fähr 3 Meter lange schwarze Gummiröhren aufgesteckt, die an ihrem andern Ende das neusilberne etwa handlange Doppelrohr tragen, aus dem bei dem Gebrauch der Carbolnebel hervorgetrieben wird. Ist der Cylinder durch etwa halbstündiges Pumpen mit com-primirter Luft bis zu 2 Atmosphären Druck gefüllt, so treibt der-selbe bei richtiger Einstellung der verschiedenen Schliesshahnen mit grösster Sicherheit und Gleichmässigkeit aus einer der beiden Glasflaschen den Carbolnebel 2 Stunden hindurch aus und kann letzterer mit einer solchen Bequemlichkeit und Leichtigkeit jeden Augenblick dahin geleitet werden, wo man seiner bedarf, wie dieses bei keinem andern mir bekannten Zerstäubungsapparate möglich ist. Uebrigens reicht man auch mit einer Glasflasche nebst Zubehör vollkommen aus; die zweite Glasflasche dient eigentlich nur zur Reserve oder für die seltenen Fälle, in denen man von zwei ent-gegengesetzten Seiten her den Carbolnebel auf das Operationsfeld leiten will.

Uebrigens habe ich in neuerer Zeit ziemlich häufig auch ohne Anwendung von Carbolspray amputirt, da ich einerseits den angeb-lichen Nutzen des Carbolspray bezüglich der Tödtung oder Unschäd-lichmachung von Bakterien, die während der Operation aus der

Luft auf die Operationswunde herabfallen könnten, nicht als begründet anzuerkennen vermag und ein sonstiger Nutzen des Spray mir ebenfalls noch nicht durch die Erfahrung nachgewiesen erscheint und da andererseits mit der Anwendung des Carbolspray's mancherlei Unbequemlichkeiten verknüpft sind, die man lieber vermeidet. Als solche nenne ich namentlich die Erschwerung der Aufsuchung der kleinen und kleinsten Gefässmündungen behufs der Unterbindung, die auch ohne Spray schon eine sehr zeitraubende und mühsame Aufgabe ist, namentlich bei Oberschenkelamputationen und noch mehr bei den trans- und supramalleolären Amputationen des Unterschenkels mit Lappenbildung aus der Fersenhaut, der unangenehmen Einwirkung des Carbolspray für die Hände des Operirenden sowie der Nässe und Kälte auf die betreffende Gliedmasse des Kranken, der Nothwendigkeit eines weitern Assistenten etc. nicht zu gedenken.

Dagegen lasse ich, wenn ohne Spray amputirt wird, als Ersatz für denselben während der Dauer der Amputation von Zeit zu Zeit einen mit 3procentiger Carbollösung reichlich getränkten Schwamm über die Amputationswunde ausdrücken, um so durch den herabfallenden Carbolguss etwaige durch die Hände des Operateurs und seiner Assistenten oder durch die gebrauchten Instrumente auf die Wundfläche gebrachten infectiösen Stoffe wegzuschwemmen oder unschädlich zu machen. Ausserdem wird noch die Wunde unmittelbar vor ihrer Vereinigung durch die blutige Naht einmal mit 5procentiger Carbollösung reichlich begossen.

3. Ein Kautschuckschlauch 60—80 Centimeter lang und 10—15 Millimeter dick zur circulären Constriction des Gliedes nebst der dazu gehörigen Stahlklammer, wenn nämlich kein zuverlässiger Gehülfe zur Ausübung der Digital-Compression vorhanden ist.

Die schon oben pg. 27 erwähnte Klammer besteht aus zwei etwa 4 Centimeter langen flachen Stahlschenkeln, welche an dem einen Ende durch ein Charnier beweglich mit einander verbunden, an dem andern Ende frei und mit einem kurzen gabelförmigen Ausschnitte versehen sind. Die einander zugekehrten Flächen beider Schenkel sind durch der Länge nach verlaufende feine Leisten und Furchen rauh gemacht. Der eine der beiden Schenkel, der Grundschenkel oder die Basis der Klammer, enthält in dem Ausschnitte seines freien Endes einen mit Schraubengängen versehenen kurzen Stab, auf welchem eine knopfförmige Schraubenmutter auf und ab gestellt werden kann. Mittelst eines an seiner Basis durchgesteckten Stiftes kann diese Schraubenstange aufgerichtet und nach aussen niedergelegt werden und wird sie in der ihr gegebenen Lage durch eine an dem Grundschenkel angebrachte Stahlfeder fixirt.

Bei dem Gebrauch legt man, nachdem der Gehülfe den Kautschuckschlauch zweimal um das Glied herumgeführt hat, die Basis der Klammer mit zurückgeschlagener Schraubstange und freiem Schenkel quer auf die beiden angelegten Touren des Schlauches, lässt dann den Gehülfen die beiden Enden des Schlauches in entgegengesetzter Richtung über die Basis der Klammer hinüberführen und auf deren Mitte parallel neben einander niederlegen. Jetzt schlägt man von der einen Seite den freien Schenkel der Klammer auf die Schlauchenden herab und von der andern Seite her die Schraubenstange in die Höhe, so dass sie in die Gabel des freien Schenkels einschnappt und befestigt sie in dieser Stellung durch einige abwärts gehende Umdrehungen des Schraubenknopfes, bis die zwei Schlauchenden hinreichend festgeklemmt sind.

Die Abnahme der Klammer geschieht äusserst rasch, es bedarf nur eines leichten Fingerschlages, um die Schraubenstange ohne oder nach vorgängiger Lüftung der Schraubenmutter aus der Gabel des freien Schenkels der Klammer herauszutreiben, worauf die Klammer durch den sich zusammenziehenden Kautschuckschlauch momentan weggeschleudert wird.

4. Ein gewöhnliches convexes spitzes Skalpell mit 4—6 Centimeter langer Klinge.

5. Ein einschneidiges gerades Amputationsmesser, dessen Klinge eine Länge von 15 Centimeter besitzt; für ganz dicke Oberschenkel kann Manchem vielleicht ein grösseres Messer mit längerer Klinge (25 Centimeter) erwünscht sein, doch ist es nicht nothwendig, wie denn auch alle übrigen Formen von Amputationsmessern und namentlich alle zweischneidigen Amputationsmesser vollkommen entbehrlich sind.

6. Eine gewöhnliche Amputationssäge oder meine Resections-

säge mit stellbarem Sägeblatte. Siehe mein Handbuch der chirurgischen Praxis pg. 89. fig. 158.

7. Mein Knochenmesser mit kurzer, schmaler vorn abgerundeter Klinge und mit geradem Elevatorium an dem hintern Ende.

8. Eine gut schneidende und hinreichend starke Hohlmeisselzange von L u ë r.

9. Einige s c h a r f e L ö f f e l von verschiedener Grösse und Form, besonders bei Amputationen durch die Gelenkenden der Röhrenknochen in Anwendung kommend.

Bei dieser Gelegenheit kann ich es mir nicht versagen, bezüglich dieses Instrumentes, das gegenwärtig eines der am meisten gebrauchten ist, eine historische Bemerkung einzuschieben. Den ersten scharfen Löffel habe ich mir im Jahre 1850 anfertigen lassen und denselben zunächst nur bestimmt zum Ausschneiden von cariösem Knochengewebe und weichen Geschwulstmassen in und an den Knochen, nächstdem auch zur Abtrennung, zum Ab- und Auskratzen oder Auslöffeln von neugebildeten weichen mürben Gewebsmassen von und aus den anstossenden normalen Geweben. Die erste Erwähnung dieses meines „s c h a r f e n L ö f f e l s“ habe ich in der 1852 ausgegebenen 3ten Lieferung meines Werkes: Die chirurgischen Krankheiten und Verletzungen des Gehirns und seiner Umhüllungen pg. 473 gethan und einige Jahre darauf in der ersten Lieferung der II. Abtheilung meines Chirurgischen Atlasses Taf. V. fig. 20—22 die erste Abbildung dieses Löffels in drei verschiedenen Grössen publicirt. V o r dieser Zeit findet sich meines Wissens in keiner Schrift ein „s c h a r f e r L ö f f e l“ erwähnt; nach dieser Zeit gewann derselbe zunächst nur langsam eine zunehmende Ausbreitung in den Verkaufsläden der Instrumentenmacher und in den Händen der Chirurgen bis 1870 durch den Aufsatz von S i m o n (die Auslöffelung breitbasiger Geschwülste aus Körperhöhlen) und noch mehr durch die vortreffliche Schrift von S c h e d e (Anwendung des scharfen Löffels bei Geschwüren. 1872) mit zahlreichen Erfahrungen aus der V o l k m a n n'schen Klinik in Halle, der scharfe Löffel in kürzester Zeit die allgemeinste Anwendung auch in den Händen der Aerzte sich errang. Hienach mag man beurtheilen, wenn die Einführung des scharfen Löffels in die Chirurgie von S c h e d e für S é d i l l o t, von B a r d e n h e u e r in Köln für seinen Amtsvorgänger F i s c h e r in Anspruch genommen wird, wenn nach L ü c k e „S i m o n's Anwendung des scharfen Löffels in der Chirurgie“ zu den hervorragendsten Leistungen in der Chirurgie gezählt werden muss, wenn H e b r a jun. und Andere meinen scharfen Löffel den V o l k m a n n'schen Löffel nennen etc.

10. Eine leicht auf die Fläche gebogene Scheere.

11. Eine einfache anatomische und eine Häckchen-Pincette.

12. Eine möglichst grosse Anzahl leicht schliessbarer Arterien-Pincetten; immer werden bei mir zwei Arten dieser Pincetten und zwar jede Art in einer grossen Anzahl von Exemplaren bereit gehalten, nämlich meine schmale Häckchenpincette mit vorschiebbarem Deckblatte (Chirurgische Praxis pg. 240. fig. 277—279) und meine vorn breitmäulige oder kolbenförmige Schieberpincette (a. a. O. pg. 29. fig. 37).

13. Eine grosse Anzahl von Catgutfäden von mittlerer Dicke (gewöhnlich nr. 2 der im Handel vorkommenden Fäden). Die Anzahl derselben muss mindestens 30—50 betragen, kann aber auch auf 60—80 steigen, indem man immer auf einigen Verlust durch Abreissen bei dem Zusammenknüpfen dieser Fäden zu rechnen hat.

14. Eine Anzahl gestielter Klammern aus Stahl, in welchen kleine Schwämmchen eingeklemmt werden, zum Auftupfen des Blutes bei dem Aufsuchen der Gefässe, welche unterbunden werden sollen, namentlich nach Aufhebung der Compression.

15. Meine gestielte Nadel nebst einer Anzahl mit carbolisirtem Wachs getränkter Seidenfäden behufs der blutigen Vereinigung der Wundränder. Chirurgische Praxis p. 43. fig. 68 — pg. 45. fig. 74 und 75 — pg. 487. fig. 472.

16. Endlich noch die gewöhnlich zu grösseren blutigen Operationen erforderlichen Utensilien, wie kaltes und warmes Wasser, Handtücher, Schwämme, welche durch längeres Liegenlassen in Carbolwasser gut desinficirt sind etc.

Der Bedarf an Verband-Material nach Amputationen fällt ausserordentlich verschieden aus, je nach den Grundsätzen, denen man bei der Wundbehandlung überhaupt huldigt, namentlich je nachdem man ein Anhänger der offenen Wundbehandlung nach Burow ist, oder je nachdem man streng die Vorschriften der antiseptischen Behandlung nach Lister befolgt. Erstere Methode verlangt den geringsten oder eigentlich gar keinen Aufwand an Verbandmaterial, während der Lister'sche Verband den grössten Aufwand an Material erheischt. Ohne hier in eine Beurtheilung dieser beiden Extreme der Wundbehandlung einzugehen, was gänzlich ausser dem Zwecke dieser Arbeit liegt, werde ich mich einfach auf Besprechung desjenigen Verband-Materials beschränken,

3*

welches gegenwärtig in meiner Klinik nach Amputationen benutzt wird.

Zu diesem Material gehören:

1. Binden aus gebleichtem Gazezeug, und zwar theils einfache, welche trocken oder mit wässriger Carbollösung getränkt angelegt werden, theils Binden aus antiseptischer Gaze bereitet. Die Breite dieser Binden beträgt 6 und 8 Centimeter, ihre Länge 2 und 4 Meter.

2. Compressen aus antiseptischem Gazezeug (s. nachher) zur Bedeckung und Einhüllung des Stumpfes. Dieselben bestehen aus 8 Lagen Gazezeug, haben eine länglich viereckige Form und richten sich bezüglich ihrer Grösse nach der Länge und Dicke des Stumpfes. Für den Verband nach der Oberschenkelamputation z. B. muss die Compresse so lang sein, dass sie von der Leistengegend an abwärts um den Stumpf herum an der Rückenseite des Schenkels wieder aufwärts bis zur Gefässfalte hin reicht; der Breite nach muss sie den Oberschenkel etwa anderthalb umgeben können. Bei kräftigen in dem untern Drittel amputirten Oberschenkeln muss daher das zur Anfertigung der Compresse dienende Stück Gazezeug bei einer Breite von nahezu einem Meter eine Länge von reichlich 2 Meter besitzen. Bei dünneren Gliedern und kürzeren Stümpfen werden die Compresssn entsprechend kleiner angefertigt.

Ausser diesen Compressen hat man auch noch einfache Compressen mit 2 oder 3 Köpfen zum Zurückhalten der Weichtheile während der Durchsägung des oder der Knochen benutzt, doch sind dieselben sehr entbehrlich.

3. Füll - und Polsterungsmaterial, gewöhnlich aus antiseptischem Gazezeug (s. nachher), seltener aus carbolisirter oder aus einfach entfetteter Baumwolle angefertigt, welche letztere unter dem Namen »v. Bruns'sche Charpiebaumwolle« seit dem Kriege 1870 einen weit verbreiteten Handelsartikel bildet.

4. Behufs luftdichter, impermeabler Einhüllung der antiseptischen Verbandstoffe grosse Stücke von Guttapercha-Papier oder von Firnisspapier, Kautschuck etc. Ausserdem auch kleinere Stückchen durchlöcherten Guttapercha-Papieres zur unmittelbaren Bedeckung der vereinigten Wundspalte.

5. Drainröhren aus Kautschuck von verschiedener Dicke und Länge.

Das mehrfach erwähnte antiseptische Verbandmaterial, besteht neuerdings ausschliesslich aus selbstbereiteter Carbolgaze.

Während bisher die nach Lister'scher Vorschrift bereitete Carbolgaze zu hohen Preisen aus den Verbandstofffabriken in Schaffhausen und Heidenheim bezogen worden ist, habe ich seit einem Jahre das von meinem Sohne *) angegebene Verfahren zur Selbstbereitung der Carbolgaze in die Klinik eingeführt. Das Wesentliche dieser Bereitungsweise besteht in der Tränkung eines passenden, gut entfetteten und gebleichten Gazezeuges mit einer kalten alkoholischen Lösung von Carbolsäure und Colophonium mit einem Zusatze von Ricinusöl, worauf dieses Gazezeug, nachdem es ganz gleichmässig von dieser Flüssigkeit durchtränkt ist, rasch getrocknet und gut verschlossen aufbewahrt wird. Auf 1 Kilo Gazezeug, welches bei einer Breite von circa 96 Centimeter eine Länge von 25—30 Meter besitzt, werden 2 Liter Alkohol genommen, in welchem 100 Gramm Carbolsäure, 100 Gramm Ricinusöl und 400 Gramm Colophonium aufgelöst enthalten sind.

Als Vortheile dieses Gazezeuges, welches bereits von mehreren Fabriken unter dem Namen »Paul Bruns'sche Carbolgaze« in den Handel gebracht worden ist, lassen sich gegenüber der Lister'schen Gaze bei gleicher Wirksamkeit folgende aufführen:

1. Die viel grössere Wohlfeilheit, welche daher rührt, dass die antiseptische Gaze nach Lister'scher Vorschrift nur mittelst complicirter kostspieliger Maschinen-Vorrichtungen vollkommen gut hergestellt werden kann und dass solche demgemäss auch nur aus zu diesem Zwecke eingerichteten Fabriken bezogen werden kann. Meines Wissens existirt nur in dem Münchener grossen Krankenhause eine derartige Einrichtung zur Selbstbereitung der Lister'schen Gaze, von welcher nach Nussbaum's **) Angabe in seiner

---

*) Paul Bruns, Einige Vorschläge zum antiseptischen Verbande. Berliner klinische Wochenschrift. 1878. pg. 425. An Stelle des Ricinusöl wird gegenwärtig die gleiche Menge Stearin genommen, wodurch die Klebrigkeit der Gaze fast ganz beseitigt wird.
**) Bericht der 50. Naturforscher-Versammlung in München. pg. 412.

Klinik jährlich 40000 Meter verbraucht werden sollen, was einem täglichen Verbrauch von nahezu 110 Meter entsprechen würde!

In dem neuesten (1878—1879) Preiscourant der Internationalen Verbandstofffabrik in Schaffhausen findet sich notirt

Lister'sche Gaze 6—7% (gebleicht) pro Meter — 75 Centimes.

10% antiseptische Gaze nach P. Bruns » » — 32 Centimes.

Dieselbe selbst bereitet kommt hier » » . auf 25 Pfennig.

2. Ein weiterer Vortheil dieser Carbolgaze ist, dass sie frei von aller reizenden Wirkung auf die Haut ist, auf welche sie aufgelegt wird, auch bei der längsten Berührungszeit, während man bei Benutzung der Lister'schen Carbolgaze gar nicht selten nach kurzer Einwirkung genau auf deren Ausbreitung beschränkte Erytheme, Eczeme und selbst impetiginöse oder pustulöse Eruptionen auf der Haut beobachtet. Es sind dieses die gleichen Hautaffektionen, welche ich früher bei der Benutzung von Paraffin-Verbänden bei Frakturen etc. beobachtet habe und welche ich daher auch bei Anwendung der Lister'schen Gaze nicht der Carbolsäure, sondern dem in dieser Gaze enthaltenen Paraffin zuschreiben muss. Seit der Anwendung dieser neuen Carbolgaze ist von den genannten Hautaffektionen in meiner Klinik nichts mehr beobachtet worden, wie ich denn auch von den neuerdings mehrfach geklagten sonstigen toxischen Wirkungen des Carbolverbandes nie etwas gesehen habe.

4. Endlich ist diese Gaze auch durchaus nicht so störrig wie die Lister'sche Gaze, sondern sie lässt sich sehr weich, zugleich auch ein ganz wenig klebrig anfühlen, schmiegt sich daher dem Körpertheile, an dem sie angelegt ist, sehr genau an und wird in dieser Lage sehr sicher fixirt durch Binden, die aus derselben Gaze bereitet sind, da deren Touren eben in Folge ihrer leichten Klebrigkeit nicht so leicht an einander sich verschieben und in ihrer Wirkung nachlassen. Durch diese Umstände muss eine noch vollständigere Occlusion der Wunde als bei Anwendung der Lister'schen Gaze vermittelt werden.

5. Die Einfachheit und Leichtigkeit der Herstellung dieser antiseptischen Gaze, indem sie zu jeder Zeit äusserst rasch aus dem genannten Rohmaterial ohne allen besondern Apparat hergestellt werden kann. Ein Krankenwärter meiner Klinik besorgt nebenher ganz allein die Anfertigung des ganzen Bedarfs

an antiseptischer Gaze für die Klinik, welcher zeitweise schon 60 bis 80 Meter und darüber in einer Woche betragen hat. Es mag hier noch gleich hinzugefügt werden, dass in meiner Klinik die gebrauchten antiseptischen Compressen nach ihrer Abnahme bei dem Verbandwechsel nicht sofort als unbrauchbar weggeworfen werden, sondern dass sie gründlich ausgekocht, nöthigenfalls durch Einlegen in Carbollösung gehörig desinficirt wieder in der gleichen Weise wie das ungebrauchte Gazezeug mit der kalten Carbollösung imprägnirt werden.

Die Auslagen für das Material zu dieser neuen Imprägnirung des alten Gazezeuges belaufen sich nur auf ungefähr 5 Pfenning für den Meter Gazezeug.

Ein solches Wiederherstellen und Wiedergebrauchen der antiseptischen Gaze kann vielfach, 15—20mal geschehen, ehe dieselbe so mürbe und zerreisslich wird, dass sie als unbrauchbar weggeworfen werden muss. Durch diese mehrfache Benutzung desselben Gazestückes werden die Kosten des antiseptischen Gazeverbandes sogar noch weit unter die des Verbands mit trockener antiseptischer Jute hinabgedrückt, deren mehrmalige Verwendung nicht thunlich ist, und wird so dem antiseptischen Jute-Verband der einzige Vorzug entrissen, den man demselben bisher gegenüber dem Gazeverband zuzuschreiben im Stand war.

Die neu wieder hergestellten antiseptischen Compressen, welche noch weicher und schmiegsamer als die zum ersten Male zubereiteten sich anfühlen lassen, werden in der gleichen Weise und mit demselben Erfolge wie zum ersten Male zubereitetes Gazezeug benutzt. Sodann dienen sie, zumal die schon mehrere Male verwendeten Stücke zu einfachen Deckverbänden bei eiternden Wunden und Geschwüren, bei denen ein streng antiseptischer Occlusiv-Verband nicht mehr oder überhaupt nicht nöthig erscheint. Endlich finden sie noch grade ihrer Weichheit wegen eine besonders häufige Verwendung als Füllmittel oder zur Polsterung nach blutigen Operationen um vorhandene Vertiefungen, Gruben etc. auszugleichen und so eine mehr ebene gleichmässige Fläche für den darüber anzulegenden Verband mit neuen glatten Compressen herzustellen. Zu diesem Zwecke werden sie in beliebig kleinere oder grössere Stücke zerschnitten oder zerrissen bald nach Bedarf

mehr platt in regelmässiger Schichtung aufgelegt, bald mehr in
unregelmässiger kugliger Form in der Hand schneeballähnlich zu-
sammengedrückt als sog. g e k r ü l l t e G a z e oder K r ü l l g a z e,
welche Ballen oder Bäusche in der nöthigen Menge nur locker auf
einander gelegt oder wie z. B. nach der Nekrosen-Operation in die
offen stehende Tödtenlade behufs deren Tamponade fest hineinge-
stopft werden.

Die Aufbewahrung des gesammten antiseptischen Verband-
materiales geschieht am besten in leicht transportabeln schliess-
baren Blechkästen, in denen nicht nur die Verdunstung der Carbolsäure, sondern auch das Trocken- und Sprödewerden der Compressen
und Binden sehr beschränkt wird. Zu diesem Zwecke benutze ich länglich viereckige Blechkästen von 60 Centimeter Länge, 30 Centimeter
Breite und 15 Centimeter Höhe, welche mit drei Abtheilungen im
Innern von verschiedener Grösse versehen sind je für neue Carbolgaze, für alte Carbolgaze und für Carbolbinden; in jede dieser Abtheilungen gehört noch ein genau passender viereckiger Deckel
von dünn gewalztem Blei — ähnlich den innern Deckeln in vielen
Thee- und Tabaksbüchsen, durch welchen die Gazestoffe leicht zu-
sammengedrückt und noch mehr gegen die äussere Luft abgesperrt
werden.

Technik der Amputation.

Wir wenden uns jetzt zur Beschreibung der Technik bei un-
serem Amputationsverfahren und können uns dabei um so kürzer
fassen, als die wichtigsten Punkte, auf deren Berücksichtigung es
bei dieser Methode hauptsächlich ankommt, bereits des Nähern
besprochen sind. Zu weiterer Abkürzung soll auch nicht zuerst
eine allgemeine Beschreibung dieser Methode gegeben werden, der
dann die speciellen Beschreibungen folgen. sondern es soll sogleich
das ganze Verfahren, wie es am Oberschenkel ausgeführt wird, beschrieben werden und braucht dann nur bei der Beschreibung der
übrigen grossen Amputationen das für jede einzelne derselben besonders Bemerkenswerthe hervorgehoben zu werden.

I. Amputation des Oberschenkels.

Nachdem der Kranke in die erforderliche Lage auf dem Operationstische gebracht und in derselben durch Gehülfen etc. gehörig fixirt worden ist, nachdem längere Haare abrasirt und die Gegend der Amputationsstelle in weitem Umfange mit Seife und 3 procentigem Carbolsäurewasser sorgfältig abgewaschen worden ist, wird der Kranke zunächst chloroformirt und der Compressionsschlauch um den obersten Theil des Oberschenkels herumgelegt und durch die Klammer befestigt, unter Umständen nachdem zuvor am Unterschenkel und Fuss durch senkrechtes Emporhalten der ganzen Extremität und durch wiederholtes centripetales Streichen die gefüllten Unterhautvenen entleert worden sind.

Während nun der Gehülfe, der den Oberschenkel dicht unterhalb des Compressionsschlauches fixirt, dabei zugleich die Haut des Oberschenkels stark nach aufwärts gezogen hält, setzt der Operateur, welcher an der rechten Seite des abzunehmenden Gliedes steht, seine linke Hand von unten so auf den Schenkel auf, dass deren Daumen und Zeigefinger die beiden Stellen bezeichnen, an welchen der Hautschnitt anfangen und endigen soll (s. das Nähere darüber oben pg. 13); mit der rechten Hand sticht er an der von ihm abgekehrten Seite des Oberschenkels an der von dem Zeigfinger bezeichneten Einstichsstelle ein und führt es dann zunächst an dieser Seite des Gliedes eine kurze Strecke abwärts und dann unter einem Bogen auf der vordern Fläche des Schenkels bis etwas über dessen Mittellinie hinüber. Jetzt wird das Messer abgesetzt dicht unter dem linken Daumen an der dem Operateur zugekehrten Seite des Gliedes eingestochen und in einer gleichen Bogen-Linie wie vorhin abwärts und in das Ende der ersten Schnittlinie eingeführt. Beide Schnitte, welche übrigens auch ganz gut in Einem fortlaufenden Zuge gemacht werden können, müssen durchgehends mit ruhiger kräftiger Hand geführt werden, damit sie überall möglichst gleichmässig die ganze Dicke der Haut, des Unterhautzellgewebes und der Fascia lata durchdringen bis auf oder in die darunterliegende Muskelmasse hinein. Wo dieses nicht geschehen ist, müssen sofort noch die undurchtrennt gebliebenen Gewebsschichten durch nachträgliche Messerzüge getrennt werden.

Jetzt fasst man mit der vollen linken Hand den freien Rand des umschnittenen Hautlappens und zieht denselben umschlagend nach oben zurück, wobei man sich auch durch einen Gehülfen in der Art unterstützen lassen kann, dass der umgeschlagene Lappen in querer Richtung gleichmässig ausgespannt wird. Dieses Zurückschlagen und Aufwärtsziehen des Hautlappens lässt sich in Folge der lockern Zellstoffverbindung zwischen Fascie und Muskulatur sehr rasch und leicht vornehmen, so dass man nur durch wenige seichte in querer Richtung nahe an der Muskulatur geführte Messerzüge nachzuhelfen braucht; nur da wo die Fascie scheidenartige Fortsätze in die Tiefe hinein entsendet, wie dieses an der Furche für die grossen Schenkelgefässe und noch an einigen anderen Stellen zwischen die Muskel hinein der Fall ist, muss das Messer kräftiger zur Durchschneidung dieser Fortsätze gehandhabt werden. Auch bei dieser ganzen Loslösung der Fascia lata lässt man überall möglichst viel von dem verbindenden Zellgewebe an der Innenfläche der Fascie sitzen und an Stellen, an denen die Fascie durch vorangegangene Verletzungen oder Erkrankungen stramm und knapp an die betreffenden Muskeln angeheftet ist, führt man das Messer durch die anhängende Muskelmasse, so dass kleine Portionen der letztern an der Innenfläche der Fascie sitzen bleiben.

Ist der Hautlappen bis zu seiner Basis hin vollständig losgelöst, so schlägt man ihn glatt nach oben um und lässt ihn hier durch die beiden Daumen des Gehülfen fixiren, der den Oberschenkel oberhalb der Amputationsstelle fest hält.

Der Operateur geht nun mit dem in der vollen Rechten gehaltenen Amputations-Messer unter dem Oberschenkel durch, setzt dasselbe in dem Winkel des Anfangs des Hautlappens senkrecht ein und indem er es in einer Bogenlinie an sich zieht, durchschneidet er in einem kräftigen sägeförmigen Zuge alle Weichtheile an der untern Hälfte des Gliedumfangs bis auf den Knochen in einer geraden Linie, welche von dem Anfang bis zu dem Ende des Hautlappens reicht. Mit einem zweiten ähnlichen Messerzuge wird sodann die gesammte Muskulatur an der obern Fläche des Schenkels in einer geraden Linie von dem Anfang bis zu dem Ende des ersten Messerzuges dicht an der Umschlagstelle des Hautlappens ebenfalls bis auf den Knochen durchschnitten.

Nach Vollendung des Zirkelschnittes legt der oben am Oberschenkel stehende Gehülfe seine beiden Hände flach ausgebreitet
auf die obere Wundfläche und zieht damit sämmtliche Weichtheile an sich heran, so dass deren Schnittfläche einen Kegel bildet,
dessen Spitze an dem Zirkelschnitte der Beinhaut des Femur gelegen ist. Der Operateur vervollständigt zunächst mit dem Bein-
hautmesser diesen Zirkelschnitt in der Beinhaut und den daselbst
etwa nicht getroffenen tiefsten Muskelbündeln rings um den Knochen
herum und löst dann mit demselben Messer oder mit dem Schab-
eisen in der pag. 20 näher vorgeschriebenen Weise die Beinhaut
nebst den ihr anhängenden Muskeln etc. von dem Knochen und
drängt die abgelöste Beinhaut in gleichmässig fortschreitender
Weise allmälig mehr und mehr aufwärts, bis der Femur in einer
Breite von 4—5 Centimeter ringsum von seiner Beinhaut entblösst
erscheint. Die Ablösung und Aufwärtsdrängung der Beinhaut lässt
sich in der Regel leicht und gut vornehmen ausser an der hintern
Fläche des Femur an der Linea aspera, an welcher Stelle man
immer wiederholt das Messer zu Hülfe nehmen muss, um mit
flachen Zügen die an der genannten Knochenleiste sich ansetzenden
Faserbündel glatt abzuschneiden.

Ist die Beinhaut in der angegebenen Strecke von dem Knochen
abgetrennt und aufwärts geschoben worden, so werden von dem
Gehülfen sämmtliche Weichtheile des Oberschenkels bis an oder
über diese Stelle zurückgezogen (mit den blossen Händen oder mittelst einer von unten her über die Schnittfläche der Weichtheile
hinübergelegten einfach gespaltenen Compresse), worauf der Operateur den Knochen nahe an der Gränze der Beinhautablösung senkrecht auf seine Längsachse durchsägt.

Nicht übereinstimmen kann ich mit der von Esmarch*) gegebenen Vorschrift statt dieser einfachen Durchsägung des Schenkelknochens die doppelte Durchsägung vorzunehmen wie sie a. a. O.
Fig. 300 abgebildet worden ist, da ich nie gefunden habe, dass
mir bei der beschriebenen Ablösung der Beinhaut »der zu ampu-
tirende Theil des Gliedes im Wege ist.« Keinenfalls dürfte bei
dicken Oberschenkeln die a. a. O. pg. 175 gegebene Regel zu be-

*) Esmarch, Handbuch der kriegschirurgischen Technik. Hannover 1877.

folgen sein, den Knochen oberhalb der Stelle des Zirkelschnittes
»noch einmal und zwar um so viel höher oben abzusägen als
der Durchmesser des Gliedes beträgt.«
Man kann nun der Durchsägung des Knochens sogleich die
pg. 23 erwähnte Abrundung des Sägerandes folgen lassen,
wenn die Compression so vollständig ist, dass gar kein Blut aus
den Weichtheilen hervordringt; im andern Falle verschiebt man
deren Vornahme so lange bis die Stillung der Blutung durch
Unterbindung der Gefässe etc. vollständig beendet ist, um sie dann
unmittelbar vor der Vereinigung der Wundränder vorzunehmen.
Des Zusammenhangs wegen lasse ich jedoch deren Beschreibung
hier gleich folgen.

Diese Abrundung des Knochenendes geschieht immer mittelst
einer scharfen Hohlmeisselzange, mit welcher man, die eine Seite
des Gebisses dieser Zange auf die Sägefläche, die andere auf die
äussere Fläche des Knochens unterhalb der zurückgedrängten Beinhaut aufsetzend, der Reihe nach kleine Stückchen von der äussern
scharfen Kante der Sägefläche abkneipt, bis dem Gesicht und dem
Gefühl nach die Wundfläche des Knochens nach aussen hin ringsum
gleichmässig abgerundet erscheint. allerdings etwas wellig, aber
nirgends mehr eine hervorragende scharfe Kante, Ecke oder Spitze
dem tastenden Finger darbietend. Vorzugsweise nimmt man an
dem vordern und dem hintern Rande des Knochenendes weg, so
dass dasselbe von vorn nach hinten leicht abgerundet erscheint.

Auf die Durchsägung des Knochens folgt immer sofort die
Blutstillung. Ist die Compression durch den Schlauch vollständig, so erscheint die Schnittfläche der Weichtheile des Stumpfes
vollkommen trocken und blutleer und kann die Aufsuchung und Unterbindung der durchschnittenen Gefässe in aller Ruhe und Sicherheit
vollzogen werden. Am besten geschieht dieses in der Weise, dass
der Operateur der Reihe nach von den grossen zu den kleineren
Gefässen fortschreitend jedes sichtbare Blutgefässende, gleichviel
ob einer Arterie oder Vene angehörig, mit einer gewöhnlichen
Hakenpincette fasst und etwas hervorzieht und nachdem dasselbe
von einem Gehülfen mit einem Catgutfaden von entsprechender
Dicke fest zugebunden worden ist, die an demselben angelegte

Ligatur dicht an dem Knoten mit der Scheere abschneidet. Die Anzahl der so unterbundenen Gefässe beträgt 15—25.

Sind sämmtliche aufgefundene Gefässlumina unterbunden, so wird der Schlauch rasch entfernt, worauf jedes Mal sofort die ganze Wundfläche mit Blut sich bedeckt, einzelne Arterien auch ihr Blut in kräftigem Strahle ergiessen.

Sofort sucht man zunächst alle spritzenden Gefässe dadurch zum Stillstand zu bringen, dass man jedes derselben mit einer Schieberpincette fasst und die geschlossene Pincette dann frei daran hängen lässt. Man fährt hiemit so lange fort, bis man keinen Blutstrahl mehr hervordringen sieht, wozu je nach den Umständen 10—15—20 Pincetten erforderlich sein können. Alle diese Pincetten werden dann flach auf die Hand genommen, um eine nachtheilige Zerrung und dadurch ein frühzeitiges Abreissen der gefassten Gefässenden zu verhindern und werden dann, indem man eine Pincette nach der andern in die Höhe hebt, die sämmtlichen Gefässe der Reihe nach mit Catgutfäden unterbunden.

Hat man keine so grosse Anzahl von Schliesspincetten zur Verfügung, so lässt man bei starker Blutung (ebenso auch bei starker Blutung in Folge unvollkommener Compression gleich nach dem Muskelschnitt) von einem Gehülfen 1—2 grosse carbolisirte Schwämme fest gegen die ganze Wundfläche andrücken, lüftet dann vorsichtig von dem obern Wundrande nach dem untern hin fortschreitend, den jeweiligen obern Rand der Schwämme, fasst mit der Pincette jedes einzelne dabei zum Vorschein kommende spritzende Gefässende und unterbindet es sofort.

Ist man auf diese Weise unter successiver Wegnahme der grossen Schwämme bis zu dem untern Wundrande vorgerückt, so bleiben immer noch eine Menge kleiner Gefässe zurück, welche nur langsam Blut hervorsickern und auf die Wundfläche sich ausbreiten lassen, die jedoch ebenfalls zum Stillstand gebracht werden müssen, ehe man zur Vereinigung der Wunde schreitet. Bei dem Aufsuchen dieser kleinen Gefässe behufs der Unterbindung bedient man sich mit grossem Vortheil kleiner auf gestielten Klammern befestigter Schwämme, mit denen man der Reihe nach jede einzelne kleine blutende Stelle der Wundfläche betupft und so das Blut entfernt, was die Wahrnehmung des blutenden Gefässendes verhindert.

Durch eine solche sorgfältige Unterbindung kann allerdings die Anzahl der auf der Wundfläche liegenden Catgutknoten eine ungemein grosse werden (62 ist die höchste Zahl der bis jetzt von mir bei einer Oberschenkelamputation angelegten [Ligaturen) allein ich habe noch nie einen Nachtheil davon gesehen und ist die Stillung der Blutung dadurch immer sicher gelungen, während dieses bei der einige Male versuchten Bespülung der Wundfläche mit carbolisirtem Eiswasser, sowie bei der Anwendung der Inductions-Electricität auf die Wundfläche mittelst feuchter Schwämme nach dem Vorgange von Riedinger nicht der Fall gewesen ist.

Sämmtliche Catgut-Fäden werden dicht an dem festgeschürzten Doppelknoten abgeschnitten und · hat man sich um diese zurückgelassenen Knoten gar nicht weiter zu bekümmern, sie verschwinden spurlos.

Noch ist zu bemerken, dass wenn eine stärkere Blutung aus der durch die Säge geöffneten Markröhre eingetreten ist, dieselbe immer dadurch gestillt worden ist, dass ein Gehülfe die Volarfläche des Nagelgliedes eines Finger fest auf die Wundfläche des Markes aufsetzt und so die Markröhre vollkommen schliesst und das Markende leicht comprimirt; wird dann nach Beendigung der übrigen Blutstillung dieser Finger entfernt, so hat inzwischen auch die Blutung aus der Markröhre ihr Ende erreicht.

Nachdem auf die angegebene Weise die Blutung aus der ganzen Wundfläche vollkommen oder doch jedenfalls so weit gestillt ist, dass man mit Sicherheit darauf rechnen kann, dass ein weiteres Hervorsickern von Blut durch die folgende Vereinigung der Wunde sistirt wird, wird zunächst wenn dieses nicht schon früher geschehen ist, die vorhin (pg. 23) beschriebene Abrundung des Knochenstumpfes vorgenommen, dann die ganze Wundfläche sorgfältig mit 5procentiger Carbolsäurelösung abgespült und nun zur Vereinigung der Wunde geschritten. Zu diesem Ende lässt man den oben stehenden Gehülfen den Oberschenkel an seinem Rumpfende mit beiden Händen umfassen und durch sanftes Vorschieben der Hände bis nahe an das Ende des Knochens hin die Haut und Muskelmasse des Oberschenkels hinabdrängen, greift dann selbst in die centrale Vertiefung des Muskelschnittes hinein, zieht die zusammengefallene leere Beinhauthülse nebst der ihr anhängenden Muskelmasse vor, glättet und breitet sie mit den Fingern aus und legt sie dann sorgfältig mit ihrer Innenfläche von oben nach unten über die Knochenwundfläche herüber, so dass sie derselben überall möglichst glatt anliegt und eben damit auch die Markhöhle genau zudeckt.

Jetzt schlägt man den Hautlappen von oben herab und legt ihn so zurecht, dass sein freier bogenförmiger längerer Rand gleichmässig auf den untern kürzeren Wundrand der Haut vertheilt wird, während die Zellgewebsfläche des Hautlappens möglichst genau der Muskulatur angepasst und angelegt wird. In dieser Lage werden nun die Hautränder durch die erforderliche Anzahl von blutigen Nähten fixirt, welche etwa 1—1½ Centimeter von einander entfernt angelegt werden. Immer muss aber entweder in der Mitte der Wundspalte eine Lücke zwischen den Hauträndern gelassen werden, durch welche noch während der Anlegung der Nähte ein mässig dickes Drainrohr unter dem Hautlappen bis nahe an das Knochenende hin eingeschoben wird, oder man legt in der gleichen Weise zwei Drainröhren seitwärts ein, je einige Centimeter von der durch 3—5 Nähte vereinigten Mitte der Wundspalte entfernt.

Unter den verschiedenen Arten der blutigen Nähte lege ich bei dicker Haut und dickem derbem Fettpolster die gewöhnliche Knopfnaht an und zwar mit meiner gestielten Nadel, die hier ein rascheres Nähen als jede andere Nadel gestattet. Bei sehr dünner Haut und mangelndem Fettpolster ziehe ich dagegen die von mir unter dem Namen Doppelstich-Knopfnaht *) beschriebene Naht vor, weil sie unter den angegebenen Umständen eine viel sicherere Vereinigung der Wundränder als jene erstere in Aussicht stellt, dadurch nämlich, dass bei ihr nicht sowohl die schmalen Wundränder der dünneren Haut, sondern ein breiterer Streifen der an die Wundränder der Haut angränzenden Unterhautzellgewebsflächen in genaue gegenseitige Berührung gebracht wird.

Nach Vollendung der Naht wird der ganze Oberschenkelstumpf mit einer 3 procentigen Carbolsäure-Lösung abgewaschen, abge-

---

*) V. v. B r u n s, Handbuch der chirurgischen Praxis. Tübingen 1873. Bd. II. p. 875—880.

trocknet und mit einer Rollbinde aus carbolisirter Gaze eingewickelt, welche in seicht absteigenden Touren um den Stumpf von der Inguinalgegend abwärts bis dicht an das freie Ende des Stumpfes d. h. bis zur Basis des Hautlappens hin angelegt wird. Die Anlegung dieser Propulsivbinde, auf welche ich einen grossen Werth lege, weil sie das Zurückweichen der durchschnittenen Muskeln und damit auch der Haut von dem Rumpfende nach aufwärts verhindert und dadurch sehr zur Entspannung des Hautlappens beiträgt, wird in der Weise angelegt, dass während ein Gehülfe mit den rings um das Glied aufgesetzten Fingerspitzen beider Hände die Haut und Muskulatur desselben beständig sanft abwärts drängt die Bindentouren immer ganz dicht an die zurückweichenden Fingerspitzen sich anschliessen.

Uebrigens darf diese Propulsivbinde immer nur ganz mässig fest angelegt werden, nicht fester als nöthig um die nach unten gedrängte Haut und die Muskelmasse des Stumpfes in dieser Lage zu erhalten, so dass diese Theile ruhig und ohne Spannung über das Knochenende hinüber gelegt bleiben, und namentlich die Muskeln, die ihren untern Fixationspunkt verloren haben, nicht in störender Weise nach oben hin sich zurückziehen können. Andererseits darf diese Binde auch nicht zu fest angelegt werden, weil sie sonst zu stark drückend, durch Behinderung des Blutrückflusses ödematöse Anschwellung der aus der untern Oeffnung der Bindenhülse hervorragenden Parthie des Stumpfes, namentlich des Hautlappens oder gar bei noch stärkerem Drucke durch vollständige Sistirung des peripherischen Kreislaufes brandiges Absterben der betroffenen Theile herbeiführen könnte.

Liegt der Hautlappen innerhalb des unteren freien Randes der Propulsivbinde ähnlich dem Deckel einer runden Dose mit seiner ganzen hintern Fläche der Muskelwundfläche überall dicht aber ohne Spannung auf, so dass nirgends ein grosser Hohlraum zwischen diesen beiden Theilen durch das Gefühl zu entdecken ist, so kann man, wenn man die offene Wundbehandlung einzuschlagen beabsichtigt, sofort den Amputirten in das zuvor gehörig zubereitete Bett legen. Der Stumpf wird dabei auf einer passenden Unterlage mit etwas erhöhtem freien Ende bequem gelagert, unter das hervorragende Stumpfende allenfalls eine flache Schaale zum Auffangen des zwischen den Wundrändern etwa noch herabtröpfelnden Blutes gestellt; das Stumpfende selbst bleibt ganz frei oder wird nur mit einer einfachen angefeuchteten Compresse bedeckt. Ueber den Stumpf wird eine Reifenbahre zum Schutze gegen Druck durch Teppich oder Bettdecke gestellt.

Will man dagegen einen einfachen Deckverband anlegen, welcher zugleich eine leichte Compression auf das Stumpfende ausübt, so verfährt man folgendermassen. Um den Hautlappen mit seiner ganzen Zellgewebsfläche überall gegen die Muskelmasse genau angedrückt zu erhalten, legt man zunächst an denjenigen Stellen, an welchen der Hautlappen hohl liegt und sich deshalb leicht niederdrücken lässt, kleine Bäuschchen von Charpie, Baumwolle etc. von solcher Form und in solcher Anzahl auf, dass der Hautlappen in die hinter ihm liegende Vertiefung sanft hineingedrückt und letztere dadurch ausgeglichen wird, so dass man wenn man jetzt die flache Hand auf die Endfläche des Stumpfes legt eine gleichmässig abgerundete Fläche fühlt.

Das Ganze wird sodann durch eine Zirkelbinde befestigt, welche von der Weiche herabsteigend schliesslich über das Stumpfende in einer stehenden und in einer liegenden Kreuztour geführt und dabei so angezogen wird, dass sie den beabsichtigten Druck ausübt.

Die eben beschriebene Hinzufügung eines leichten Druckverbandes auf die Endfläche des Stumpfes bildet den Uebergang zu dem vollständigen Occlusiv-compressiv-antiseptischen Verbande, oder dem sog. Lister'schen Verband, welcher von mir in folgender vereinfachter Weise angelegt zu werden pflegt.

Nachdem die blutige Vereinigung der Wunde vollendet, das Einlegen einer oder mehrerer Drainröhren besorgt, der ganze Stumpf mit 3procentiger wässriger Carbollösung abgewaschen und die Propulsivbinde um den Stumpf herum angelegt worden ist (s. vorhin pg. 48), wird zunächst ein in Carbolöl eingetauchter 2—3 Querfinger breiter Streifen gelöcherten Guttapercha-Papieres der Länge nach über die vereinigte Wundspalte gelegt, deren Enden beiderseits etwas überragend.

Auf das durchlöcherte Guttapercha-Papier wird sodann zusammengekrülltes Carbolgazezeug in der gleichen Weise aufgelegt, wie dieses eben vorhin näher beschrieben worden ist, nur

noch in etwas reichlicherer Menge, so dass das vordere Ende des
Stumpfes dick davon bedeckt und umgeben ist und mittelst dieser
Polsterung sowie der jetzt noch weiter folgenden Verbandmittel die
beabsichtigte luftdichte gleichmässige Einhüllung und Zusammendrückung des Stumpfendes sicher zu Stande gebracht wird.

Man nimmt nun die vorher zurecht gelegte Carbolgaze in
achtfacher Schichte (in der Regel ohne Einlage von Guttapercha-Papier zwischen der 7. und 8. (äussersten) Schichte der Gaze),
legt sie glatt und prall über den Stumpf hinüber, so dass sie auf
dessen oberer und unterer Fläche bis zur Inguinalgegend hinauf
sich erstreckt, schlägt dann die an beiden Seiten hinausstehenden
Ränder dieser Gazeschichten glatt auf die untere Fläche des
Stumpfes um. In dieser Lage wird die Gaze durch einen Gehülfen
festgehalten, bis sie durch eine von oben nach unten um den
Stumpf herumgelegte carbolisirte Gazebinde fixirt und dann noch
durch weitere Touren dieser Binde, welche in Kreuzform über das
freie Ende des Stumpfes hinübergeführt werden, so gegen das letztere angedrückt erhalten wird, dass der beabsichtigte Zweck der
luftdichten Absperrung und gleichmässigen Compression vollständig
erreicht ist. —

In derselben Weise, wie eben die Amputation mit Bildung
eines vordern Hautlappens beschrieben worden ist, wird auch die
Amputation des Oberschenkels mit Bildung eines
seitlichen Hautlappens ausgeführt. Der einzige Unterschied
besteht darin, dass man den Schnitt zur Bildung des Hautlappens
auf der Mitte der Vorderfläche des Oberschenkels beginnt und von
hier in einer Bogenlinie über die rechte oder linke Seitenfläche
hinüber zur Mitte der hintern Fläche des Gliedes hin führt, je
nachdem man einen äussern oder innern Hautlappen mit dem Zirkelschnitt verbinden will.

Eine wesentliche Abänderung erleidet dagegen das beschriebene
Verfahren, wenn die Absetzung des Oberschenkels innerhalb oder
dicht oberhalb der Condylen des Schenkelknochens vorgenommen
wird — Amputatio femoris transcondylica und supracondylica. Hiebei wird nämlich der Knochen an einer Stelle
durchsägt, an welcher derselbe nicht von Periost, sondern von
Knorpel überzogen ist, so dass also eine Bedeckung der Wund-

fläche mit abgelöster Beinhaut nicht vorgenommen werden kann. Vielmehr muss hier diese Knochenwundfläche mit der Zellgewebsfläche des über sie hinübergelegten vordern Hautlappens verwachsen, was in der Regel leicht und vollständig geschieht, wie ich mich mehrfach überzeugt habe, in einem Falle sogar auch unter äusserst ungünstigen Verhältnissen.

Dieser Fall betraf einen 51jährigen Mann (Chr. Bühler von Bondorf), welcher mit einem grossen, die zwei unteren Drittel des rechten Unterschenkels ringsum einnehmenden Epithelialkrebsgeschwüre behaftet war, dessen stark aufgeworfene Ränder sich ohne scharfe Gränze in die derb infiltrirte umgebende Haut fortsetzten, namentlich an der hintern Seite des Gliedes an dem obern Umfange der Wade. Der Unterschenkel stand unter einem spitzen Winkel zum Oberschenkel fast unbeweglich fest, so zwar, dass er passiv noch etwas mehr flectirt, aber nicht bis zu einem rechten Winkel gestreckt werden konnte. Haut und Muskeln gingen an der Rückseite des Gliedes in einem stark vorspringenden stramm gespannten Bogen vom Oberschenkel zum Unterschenkel hinab.

Unter den angegebenen Umständen konnte von einer Amputation in dem obern Theile des Unterschenkels nicht mehr die Rede sein, da kein Material zur Bedeckung der Knochenwundfläche hätte gewonnen werden können und entschloss ich mich daher zu der transcondylären Amputation des Oberschenkels. Dieselbe wurde (am 19. December 1877) genau in der Weise ausgeführt, welche gleich näher beschrieben werden soll. Dabei trat das Unerwartete ein, dass in dem Augenblicke, in welchem ich den letzten Schnitt durch die Weichtheile der Kniekehle in schräg nach unten gehender Richtung vollendet hatte, die Weichtheile an der hintern Fläche des Oberschenkels so stark nach aufwärts zurücksprangen, dass hier eine kolossale Wundfläche sich zeigte, indem der Wundrand der in der Kniekehle durchschnittenen Haut gut zwei Hände breit oberhalb der Wölbung der Condylen des Femur stand — offenbar in Folge der ungewöhnlichen starken Retraction der hier durchschnittenen Muskeln und der mit ihnen durch ein infiltrirtes Zellgewebe straff verbundenen Haut. Der erste Anblick dieser grossen Wundfläche rief sogar in mir den Gedanken hervor, dass ich den letzten Schnitt in verkehrter Richtung d. h. nach aufwärts gemacht haben könne, allein ein Blick auf den abgenommenen Unterschenkel überzeugte mich sofort von dem Gegentheil, derselbe zeigte nämlich an seiner hintern Fläche eine ebenso grosse Wundfläche wie der Oberschenkel und wie die an seiner Vorderfläche von der Bildung des grossen Hautlappens herrührenden Wundfläche, so dass es aussah, wie wenn der Unterschenkel mit Bildung zweier grosser Hautlappen in dem Kniegelenk exarticulirt worden sei.

Dessenungeachtet liess sich bei der Wundvereinigung der vordere

4 *

Hautlappen ohne alle störende Spannung über die Wundfläche der Condylen hinüberlegen und mit dem hintern Hautwundrande durch die blutige Naht vereinigen bis auf eine 3—4 Centimeter lange Stelle in der Mitte des Hautlappens, an welcher die durch die Naht einander genäherten Hautränder eine etwa 2 Centimeter breite klaffende Spalte offen liessen. Die Heilung erfolgte grösstentheils auf dem schnellen Wege, nur ein Theil der Zellgewebsfläche des Lappens auf dem äussern Condyl des Femur sowie die offen gebliebene Randlücke heilte auf dem langsamem Wege der Eiterung und Granulation. Anfangs Februar 1878 war die Heilung vollendet.

Die technische Ausführung dieser trans- und supracondylären Amputation gestaltet sich in folgender Weise. Man beginnt mit einem vordern Bogenschnitte, welcher bei flectirtem Unterschenkel in der Höhe der hintern Wölbung des Condylus internus femoris (bei Abnahme des linken Oberschenkels) beginnend in einem grossen Bogen nach unten über die Vorderfläche des Unterschenkels unterhalb der Tuberositas tibiae verläuft und an der entsprechenden Stelle des Condylus externus femoris endigt. Der so umschriebene Hautlappen wird mit allem anhängenden Unterhautzellgewebe von unten nach oben hin abpräparirt, wobei man in dessen Mitte das Messer immer dicht auf dem Ligamentum patellare und dann auf der Vorderfläche der Kniescheibe führt, bis man etwas über dem obern Rand der Kniescheibe hinauf vorgedrungen ist. Jetzt durchschneidet man mit kräftigen Querschnitten das untere Ende der hier sich ansetzenden dicken Sehne des Musculus quadriceps femoris und mit weiteren von hier aus schräg abwärts laufenden Schnitten alle die Kniegelenkhöhle von vorn und von den beiden Seiten her begränzenden Weichtheile und schliesslich auch das in der Gelenkhöhle gelegene Ligamentum cruciatum. Ist hiedurch das Gelenk so weit geöffnet, dass der den Unterschenkel haltende Gehülfe die Gelenkflächen des Femur und der Tibia klaffend machen kann, indem er den Unterschenkel fortwährend stark flectirt und und nach abwärts gegen sich anzieht, so legt der Operateur das gerade Amputationsmesser quer durch das Gelenk und schneidet dann, während der Unterschenkel bis zur Horizontalen erhoben wird, durch die sämmtlichen Weichtheile der Kniekehle in gerader Linie nach hinten und etwas schräg nach abwärts aus *).

---

*) Wird diese Amputation an einem Gliede gemacht, an dem die Kniescheibe mit der Vorderfläche der Condylen des Femur verwachsen ist und

Mit diesem Schnitte gleiten die Weichtheile am untern Ende des Oberschenkels immer weit nach aufwärts zurück, so dass die Condylenparthie des Femur ganz frei daliegt und sofort zu deren Absägung geschritten werden kann. Bei gesunder Beschaffenheit der Condylen setzt man die Säge etwa in halber Höhe derselben auf deren Vorderfläche auf und sägt in grader Linie nach hinten durch — Amputatio transcondylica. Sodann setzt man die Säge vorn an der obern Gränze des Knorpelüberzuges auf und lässt sie schräg nach unten in die erste Sägefläche, etwa an der Gränze des vordern und mittlern Drittels derselben auslaufen, so dass hier ein querliegendes Knochenstück von annähernd prismatischer Form mit zwei Sägeflächen und einer Knorpelfläche abgetrennt wird. In gleicher Weise wird von der weit nach hinten vorspringenden Wölbung der beiden Condylen ein Stück abgesägt, so dass die so gebildete Knochenwundfläche des Femur drei querlaufende durch zwei leicht vorspringende Kanten geschiedene Flächen wahrnehmen lässt. Durch einige wenige flache oder eigentliche schabende Züge mit der Säge lassen sich die beiden eben erwähnten Kanten sehr leicht beseitigen und erscheint dann die Sägefläche gleichmässig von vorn nach hinten abgerundet, einem querliegenden halben Cylinder vergleichbar.

Anstatt in der angegebenen Weise eine von vorn nach hinten abgerundete Knochenwundfläche anzulegen, kann man dieselbe auch nach dem Vorgange von K. Butcher (Essays and reports on operative and conservative surgery. Dublin 1865 pg. 465) durch einen bogenförmig verlaufenden Sägeschnitt herstellen, indem man eine Bogensäge mit schmalem Sägeplatte oder eine passende Stichsäge in einer Bogenlinie etwas oberhalb und parallel dem scharfen Seitenrande der Condylen des Femur von vorn nach hinten durch den Condylentheil hindurchlaufen lässt. Nachträgliche Wegnahme hervorragender scharfer Knochenkanten, namentlich an dem hintern Umfange der beiden Condylen mit Hohlmeisselzange sind übrigens in dem einen wie in dem andern Falle nicht zu umgehen.

---

zwar so fest dass sich diese Verwachsung nicht durch das Messer trennen lässt, so muss man, wie ich dieses kürzlich gethan habe, zuerst den Oberschenkel am obern Rande der Kniescheibe durchsägen und dann die Durchschneidung der Weichtheile in der Knickehle mit dem Messer vornehmen.

Zeigen sich die Condylen des Femur nach Wegnahme des Unterschenkels krankhaft verändert, so muss deren Durchsägung je nach
der Ausdehnung dieser Veränderung weiter aufwärts verlegt, ja
noch oberhalb der obern Knorpelgränze vorgenommen werden —
Amputatio femoris supracondyloidea. Die Durchsägung wird
hier gerade eben so mit drei Schnitten vorgenommen wie vorhin angegeben worden ist, nur wird es hier bei hoher Durchsägung nothwendig zuvor durch einen quer laufenden Schnitt mit dem Knochenmesser die Beinhaut dicht an ihrer Insertion an der Knorpelgränze
zu durchschneiden und von diesem Schnitte aus so viel nach oben
hin von dem Knochen abzutrennen, als zur Ausführung der beiden
kleinen Schrägschnitte mit der Säge nöthig erscheint.

Eine genaue Bestimmung der Stelle, an welcher der Knochen
durchsägt werden muss, lässt sich übrigens in den Fällen, in denen
die Amputation wegen Erkrankung des Kniegelenks und speciell
des untern Ende des Femur vorgenommen wird, mit Sicherheit nie
vor dem Beginne der Operation treffen, sondern immer erst während der Operation selbst. Sogar auch dann reicht die directe Besichtigung des Gelenkendes des Femur nicht immer aus um die
Ausdehnung der Erkrankung des Knochens und darnach die Stelle
seiner Durchsägung sicher feststellen zu können, da es nur zu oft
vorkommt, dass die Erkrankung (Osteomyelitis) in dem Innern
des Knochens sich weiter aufwärts erstreckt, als die äusserlich
wahrnehmbare Veränderung am Knochen, während doch kein
einziges Zeichen vorhanden ist, aus dem man auf eine solche weiter
aufwärts gehende Erkrankung in dem Innern des Knochens einen
Schluss machen könnte. Erst wenn man den Knochen durchsägt
hat, gibt die Besichtigung der Schnittfläche des centralen Knochenendes den nöthigen Anhalt zur Entscheidung, ob man eine gesunde
Stelle getroffen hat, oder nicht und in letzterem Falle ob es genügen wird, das noch vorhandene kranke Knochengewebe mit dem
scharfen Löffel wegzunehmen oder ob man den Knochen an einer
neuen weiter aufwärts gelegenen Stelle durchsägen muss. Dass
man auch in diesem letzteren Falle durch eine zweite weiter oben
vorgenommene Durchsägung des Knochens das Ende der Knochenerkrankung noch nicht erreicht haben kann, sondern dass man sich
noch zu einer dritten, ja sogar vierten höheren Durchsägung ge-

nöthigt sehen kann — hievon giebt die nachstehende kurz mitgetheilte Beobachtung ein sehr lehrreiches Beispiel.

Ein 50 Jahre alter Zimmermann (J. Blückle von Hausen) von kräftigem Körperbau zog sich 10 Monate vor seiner Aufnahme in die Klinik durch eine starke Durchnässung eine acute Entzündung des linken Kniegelenks, zu verbunden mit sehr starker Anschwellung und ausserordentlich heftigen Schmerzen. Acht Monate später spontaner Aufbruch des Gelenks gegenüber dem innern Condyl des Femur mit sehr reichlicher Entleerung von Eiter, welche letztere bis zur Aufnahme des Kranken in die Klinik fortbestand. Die Untersuchung mit der Sonde durch die vorhandene Fistelöffnung ergab jetzt bei dem höchst heruntergekommenen Kranken eine cariöse Zerstörung an dem innern Condyl des Femur. Da keine Zeichen einer weiter über das Kniegelenk hinauf reichenden Erkrankung des Femur vorhanden waren, so wurde zunächst nur die Amputatio femoris supracondylica für angezeigt gehalten und diese am 28. November 1874 vollzogen, zumal sich auch nach der Eröffnung des Gelenks bei der Untersuchung die cariöse Zerstörung auf den äussern untern Umfang des innern Condyls beschränkt gezeigt hatte. Allein nach der Durchsägung des Knochens zeigte die spongiöse Substanz desselben auf der Schnittfläche eine diffuse eitrige Infiltration, weshalb der Knochen noch einmal 3 Centimeter höher durchsägt wurde, nachdem die leicht ablösbare Periosthülse so weit zurückgeschoben war. Da aber das an dieser Stelle geöffnete untere Ende der Markröhre des Femur strotzend mit Eiter gefüllt erschien, so ward nach Bildung eines neuen vorderen Hautlappens und nach Durchschneidung der Weichtheile durch Zirkelschnitt der Knochen 11 Centimeter oberhalb der zweiten Sägestelle abgesägt. Allein da auch hier die gleiche Anfüllung der Markhöhle mit dickem gelbem Eiter gefunden wurde, so wurde nach dem Zurückschieben der Periosthülse noch ein viertes Knochenstück von 3½ Centimeter Länge abgesägt. Auf dieser letzten Schnittfläche erschien das Knochenmark nur noch wenig verändert; dasselbe wurde daher mit dem scharfen Löffel eine kurze Strecke weit ausgeschabt und damit endlich die Gränze des gesunden Markes erreicht. Die Gesammtlänge des in 4 Stücken abgesetzten Knochenstumpfes beträgt 21 Centimeter und ist somit aus der supracondylären Amputation eine hohe Oberschenkelamputation geworden! Die Operation selbst ist ganz unblutig verlaufen, auch nach der Abnahme des Compressionsschlauches nur eine sehr geringe Blutung eingetreten, so dass im Ganzen nur 10 Ligaturen angelegt zu werden brauchten. Befestigung des Hautlappens durch die blutige Naht. Offene Wundbehandlung. Verlauf sehr günstig; nur geringes Wundfieber, vom achten Tage an kein Fieber mehr. Hautlappen grösstentheils primär angeheilt; nach 5 Wochen beinahe vollständige Vernarbung. Kräfte und Ernährungszustand des Operirten auffallend gebessert.

Ist auf die angegebene Weise der Knochenstumpf bei der hier in Rede stehenden Amputation gehörig vorbereitet, so hat man jetzt mit Pincette und Messer oder Scheere alle noch wahrnehmbaren Reste der Gelenkmembran, mögen dieselben gesund oder granulös, fungös etc. erkrankt sein, sorgfältig abzutrennen und zu entfernen um eine durchgehends frische reine Wundfläche herzustellen. Ein solches Abpräpariren ist öfters sehr mühsam und zeitraubend, zumal wenn dieses auch in der ganzen Ausdehnung der in die Bursa supragenualis hinein sich erstreckenden Ausstülpung der Synovialmembran vorgenommen wird. Wenn diese Bursa jedoch zu weit an der Vorderfläche des Femur emporsteigt, so steht man lieber von einer so zeitraubenden Excision ab, und macht statt deren eine oder zwei seitliche Incisionen durch die Haut und Muskeln hindurch gerade in das obere Ende dieser Bursa und legt eine oder 2 Drainröhren ein, welche von diesen Oeffnungen durch die Bursa hindurch bis zwischen die Wundränder der vereinigten Amputationswunde reichen.

Sind alle Reste der Synovialmembran vollständig entfernt, so schreitet man zur Aufsuchung und Unterbindung aller auffindbaren Gefässenden in der früher besprochene Weise und dann zur Vereinigung der Wunde. Zu diesem Zwecke lässt man zunächst den am Oberschenkel stehenden Gehülfen die sämmtlichen Weichtheile desselben mit beiden Händen möglichst weit oben ringförmig umfassen und so fortgleitend nach unten hinabdrängen, worauf man den Hautlappen ebenfalls mit beiden Händen so ausbreitet und anzieht, dass seine Basis und die derselben angränzende Haut des Oberschenkels auf die grösste Wölbung der Knochenwundfläche zu liegen kommt. Nun vereinigt man zunächst die Mitte des Wundrandes des Hautlappens genau mit der Mitte des hintern Hautwundrandes durch eine blutige Naht, der man noch an jeder Seite 1—2 weitere blutige Nähte folgen lässt, während die Anlegung der übrigen zur vollständigen Vereinigung der Wundspalte erforderlichen Nähte erst vorgenommen wurde, nachdem man an jeder Seite eine bis in oder durch die Höhle der Bursa supragenualis hinausreichenden Drainröhre eingelegt hat.

Bei Anlegung des Verbandes hat man ganz besonders darauf zu sehen, dass der Hautlappen der grossen Knochenwundfläche

überall ganz gleichmässig genau und zwar ohne alle Spannung anliegt. Zu diesem Zwecke hat man einerseits durch sorgfältige, nicht
zu feste Anlegung einer Propulsivbinde von der Leistengegend abwärts bis zu der Basis des Lappens hin letzteren zu entspannen,
was man aus den an seiner Oberfläche sich bildenden feinen Run-
zeln und Fältchen sehr leicht erkennen kann; andererseits bedeckt
man das Stumpfende vor Anlegung der antiseptischen Compressen
mit einer reichlichen Schichte weichen Verbandmaterials, und werden diese beiden schliesslich durch entsprechend geführte Touren
einer Rollbinde sanft angedrückt erhalten. Sobald jedoch auch nur
ein leiser Verdacht sich regt, dass die eine oder andere Binde zu
fest angelegt sein könnte, scheue man nicht die Mühe sofort den
Verband unter Einhaltung der nothwendigen Cautelen abzunehmen
und dem gemachten Erfund entsprechend verändert wieder anzulegen.

Als eine nicht empfehlenswerthe Modification der Amputationen
in dem untern Viertheil des Femur habe ich hier noch kurz das
Verfahren zu erwähnen, welches von Gritti*) zuerst empfohlen
worden ist, eine Nachahmung der von Pirogoff angegebenen
osteoplastischen Verlängerung des Unterschenkels. Bekanntlich besteht dieses Verfahren von Gritti darin, dass nach querer Durchsägung des Femur etwas oberhalb der Condylenparthie und nach
frontaler Durchsägung der in dem vordern Lappen der Weichtheile
sitzen gelassenen Patella, wodurch letztere eine hintere vertikale
glatte Wundfläche bekommt, die Patella nach hinten und oben zurückgeschlagen, und mit ihrer Wundfläche auf die Wundfläche des
Femur aufgelegt wird, in welcher Stellung dieselbe bis zu erfolgter
Verwachsung der beiden Knochenwundflächen zu erhalten ist,

Dem über diese Operation von C. Heine**), Lücke***) u. A.
ausgesprochenen ungünstigen Urtheile kann ich mich nur anschliessen. Wenn man auch von dem grossen Mortalitätsverhältnisse ab-
sieht, welches diese Operation in den bisher allerdings noch nicht
zahlreichen Fällen ihrer Vornahme geliefert hat, so findet man

---

*) Annali universali di medicina. Milano 1857. — Schmidt's Jahr-
bücher der gesammten Medicin. Lpzg. 1858. Bd. 98, pg. 73.
**) Archiv für klinische Chirurgie 1866. Bd. VII. pg. 606.
***) Ebendaselbst 1869. Bd. XI. pg. 167.

die derselben angerühmten Vorzüge durch die bis jetzt vorliegenden Erfahrungen in keiner Weise bestätigt. Die durch diese Operation zu erzielende grössere Länge des Amputationsstumpfes beträgt bei der geringen Dicke der Kniescheibe keine 2 Centimeter, kommt daher auch im günstigsten Falle d. h. gegenüber einer an der gleichen Stelle des Femur ohne Unterlagerung der Patella ausgeführte Amputation gar nicht in Betracht, während bei der vorhin beschriebenen transcondylären Amputation des Oberschenkels die Länge des Schenkelstumpfes noch um 3—4 Centimeter grösser ausfällt als bei der Gritti'schen Amputation, welche eine Strecke weit oberhalb der Condylen vorgenommen wird.

Eben so ist die so sehr hervorgehobene grössere Gebrauchsfähigkeit des Amputationsstumpfes durch die bis jetzt vorliegenden Beobachtungen noch keineswegs dargethan worden; namentlich ist noch gar nicht erwiesen, dass nach diesem Verfahren Amputirte den Stützpunkt beim Gehen lediglich auf dem Stumpfende finden und desshalb keines solchen künstlichen Gliedes bedürfen, bei welchem der Stützpunkt auf das Becken verlegt werden muss, wie dieses sonst bei allen am Oberschenkel Amputirten der Fall ist, mit Ausnahme derer, bei denen eine transcondyläre Amputation gemacht worden ist.

Der Umstand, dass nach dieser Operation von Gritti die unversehrte Vorderfläche der Patella nebst dem darauf liegenden gleichfalls unverletzt gebliebenen Schleimbeutel und Haut den Stützpunkt für den Körper bildet, also eine an solchen Druck wie man gewöhnlich glaubt gewöhnte Stelle, hat allerdings auf den ersten Anblick etwas Bestechendes. Allein bei näherer Erwägung geräth man doch in Zweifel und gelangt schliesslich zu einer entgegengesetzten Anschauung, wenn man nämlich bedenkt, dass bei dem gewöhnlichen Knieen mit spitz- oder rechtwinklig gebogenem Kniee die Kniescheibe gar nicht den Druck des Körpergewichtes auszuhalten hat, sondern das obere Gelenkende des Schienbeins; dass dagegen Kniescheibe und präpatellarer Schleimbeutel von diesem Drucke nur getroffen werden bei dem Knieen mit stumpfwinklig gebogenen Knieen und vornüber gebeugtem Rumpfe (bei sog. Knie-Ellenbogenlage), und dass gerade bei solchen Leuten, welche diese Haltung des Körpers sehr häufig und andauernd einnehmen müssen,

wie dieses z. B. bei dem Aufwaschen und Scheuern von Stubenböden etc.
der Fall ist, Erkrankungen der präpatellaren Schleimbeutel wie
chronische und akute Entzündungen etc. bekanntlich sehr häufig
beobachtet werden. Demnach muss man die verpflanzte Kniescheibe
als wenig geeignet bezeichnen den andauernden Druck des Körper-
gewichts zu ertragen, jedenfalls steht in dieser Beziehung die Gritti'-
sche Operation der transcondylären Amputation mit vorderem Hautlappen weit nach, nach welcher, wie schon L ü c k e *) gezeigt hat
und wie ich aus eigener Erfahrung nur bestätigen kann, das Stumpfende einen vollkommen ausreichenden Stützpunkt für den Körper
bildet, so dass das künstliche Ersatzglied keiner Befestigung am
Becken und Oberkörper bedarf, sondern nur an dem Oberschenkel
selbst befestigt zu werden braucht.

Auch der dritte angegebene Vortheil dieser Methode, dass
nämlich durch die Bedeckung der Wundfläche des Femur mit der
Wundfläche der Patella und die rasch darauf eintretende Verklebung dieser beiden Knochenwundflächen mit einander, die Markhöhle des Femur verschlossen und dadurch ein Schutzmittel gegen
jede von der Wundfläche der Weichtheile ausgehende osteomyelitische Vereiterung gewonnen werde, hat sich in der Erfahrung nicht
bewährt. Vielmehr hat dieselbe gezeigt, dass eine primäre Verwachsung der Patella an der beabsichtigten Stelle nur ganz ausnahmsweise zu Stande gekommen ist, dass in der überwiegenden
Mehrzahl der Fälle Eiterung eintrat und zwar mit zunehmender
Verschiebung der beiden eiternden Knochenflächen an einander, ferner dass diese Eiterung gewöhnlich in kurzer Zeit sehr reichlich
ward, einen schlechten jauchigen Charakter annahm und so die oben
erwähnten ungünstigen Folgen nach sich zog — also das Gegentheil von Dem, was bei der transcondylären Amputation des Oberschenkels beobachtet wird, wie dieses pg. 51 angegeben worden ist.

II. Amputation des Unterschenkels.

Die Verschiedenheiten in der technischen Ausführung der Amputation des Unterschenkels von der des Oberschenkels werden

---

*) a. a. O. p. 179.

hauptsächlich durch die Verschiedenheit in dem Baue des Ske-
lettes dieser beiden Körpertheile bedingt, indem bei dem letzteren nur e i n Knochen in dem Centrum der Muskelmasse gelegen
ist, während bei dem ersteren zwei Knochen vorhanden und zwar
der Peripherie des Gliedes nahe gelegen sind. Namentlich ist es
die Tibia, welche mit einer breiten Fläche und einer schmalen
Kante dicht unter der Haut liegt und zwar um so mehr, je näher
dem obern Ende des Unterschenkels. Durch dieses anatomische
Verhältniss wird nicht nur die Bildung eines grossen vorderen Hautlappens mit reichlicher Zellgewebsunterlage erschwert, sondern
auch noch ein weiterer Uebelstand veranlasst — jeder Chirurg
weiss, wie leicht durch die bei der queren Durchsägung der Tibia
entstandene scharfe Ecke der Crista tibiae, nachträglich während
der Heilung der Amputationswunde eine Perforation der betreffenden Stelle der Hautdecken zu Stande gebracht wird. Dennoch
lassen sich beide Uebelstände unschwer vermeiden, so dass ich mich
jetzt nicht mehr scheue, auszusprechen, dass die angedeutete Haut-
perforation immer nur in Folge einer unvollkommenen Ausführung der Operation und nicht genügender Sorgfalt bei der Nachbehandlung zu Stande kommt.

In der Regel wird bei der Amputation des Unterschenkels mit
Hautlappenbildung ein grosser vorderer Hautlappen genommen und
nur wenn dieses aus irgend einem Grunde nicht möglich ist, nimmt
man den Hautlappen aus der hinteren Fläche des Unterschenkels,
der Wade, oder aus der einen oder andern Seitenfläche dieses Gliedes.
Beschreiben wir daher zunächst die Amputatio cruris mit vorderem
Hautlappen und zwar im Bereich des obern Drittels des Unterschenkels.

Vorbereitung zu dieser Amputation: Anlegung des Compressionsschlauches in der Mitte des Oberschenkels, Chloroformirung,
Lagerung des Kranken und Stellung des Gehilfen, antiseptische
Reinigung der Operationsstelle etc. etc., wie pg. 41 des Näheren
beschrieben ist.

Ausführung. In der entsprechenden Höhe des horizontal
gehaltenen Unterschenkels setzt der an der rechten Seite des abzunehmenden Gliedes stehende Operateur die linke Hand auf die
Vorderfläche des Unterschenkels so auf, dass die Spitzen des Dau-

mens und Zeigefingers den Anfangs- und Endpunkt des Hautlappenschnittes bezeichnen, und führt dann den Bogenschnitt über den
vordern Umfang des Gliedes nach den früher gegebenen Regeln
(pg. 41) in einem zusammenhängenden oder in 2 abgesetzten Messer-
zügen aus. Dieser Schnitt muss überall durch Haut und Zellgewebe und Muskelfascie hindurch dringen und da wo die innere
Fläche der Tibia dicht unter der Haut liegt durch deren Periost
hindurch bis auf die Knochensubstanz; nöthigenfalls hat man diesen
Schnitt nachträglich noch an den Stellen zu vertiefen, wo er nicht
bis zu der angegebenen Tiefe eingedrungen war.

Jetzt folgt die Ablösung des Hautlappens, welche sich überall
da sehr leicht, durch blosses Anziehen der Haut, bewirken lässt,
wo die Fascie die untere Fläche des Lappens bildet, da dieselbe
nur durch wenig lockeres Zellgewebe mit den Muskeln verbunden
ist. Dagegen erfordert die Abtrennung der Fascie an den beiden
Rändern der vordern Schienbeinfläche, da wo sie sich anheftet und
und mit der Beinhaut der Tibia sich verbindet, eine sehr behut-
same Anwendung des Messers. Wenn möglich sucht man hier den
Zusammenhang der Fascie mit dem Periost der vordern Schienbeinfläche zu erhalten und letzteres von unten nach oben hin fortschreitend von dem Knochen abzulösen, so dass es an der untern
Fläche des Hautlappens sitzen bleibt. Je nach der Festigkeit der
Verbindung der Beinhaut mit dem Knochen an dieser Stelle gelingt
die Ablösung zuweilen leicht und vollkommen, andere Male dagegen
in unvollkommener Weise, so dass ein grösserer oder kleinerer Theil
der Beinhaut an dem Knochen sitzen bleibt.

Ist nun der Hautlappen bis zu seiner Basis hin abgelöst und
nach oben geschlagen und in dieser Lage von dem oben stehenden
Gehülfen durch den aufgesetzten Daumen fixirt, so wird an seiner
Basis der Zirkelschnitt mit dem geraden Amputationsmesser in zwei
Absätzen gemacht, wie dieses pg. 42 beschrieben ist. Man hat
dabei besonders darauf zu achten, dass man bei jedem dieser beiden
Messerzüge gegen deren Ende hin durch Erheben (beziehungsweise
Senken) des Messergriffes die Spitze der Messerklinge möglichst
tief durch die Muskelmasse hindurch in den Grund des vordern
und hintern Zwischenknochenraumes eindringen lässt, um auch hier
in der Tiefe die Muskeln und Gefässe möglichst vollständig in dem

gleichen Niveau wie die über die beiden Knochen nach aussen sich emporwölbenden Muskelmassen zu durchschneiden. Da auch hiebei noch immer einzelne dicht an dem Knochen gelegene Muskelbündel ungetrennt bleiben, so muss man immer noch den Zirkelschnitt mit dem grossen Messer vervollständigen durch Anwendung eines kleinen Messers, mit welchem alle in der Linie des Zirkelschnittes gelegenen noch nicht getroffenen Weichtheile durchschnitten werden. Zu diesem Zwecke bedient man sich gewöhnlich eines besonderen kleinen zweischneidigen Messers, der sog. Catline, deren Klinge unter Leitung und beständigem Nachfühlen mit dem linken Zeigefinger in die Wundspalte eingeführt wird, doch kann dasselbe auch mit einem gewöhnlichen Skalpell geschehen.

Eine besondere Rücksicht hat man hiebei noch auf das Ligamentum interosseum zu nehmen, welches an dieser Stelle nicht nur vollständig quer durchschnitten, sondern von dieser Stelle aus auch noch eine Strecke weit aufwärts dicht an seiner Insertion an den beiden einander zugekehrten Rändern der Tibia und Fibula abgeschnitten werden muss. Auf diese Weise wird aus demselben ein länglicher viereckiger Lappen gebildet, welcher später bei der Blutstillung das Ergreifen und Unterbinden der auf demselben gelegenen Blutgefässe erleichtert.

Nachdem die zirkuläre Durchtrennung der Weichtheile des Unterschenkels vollendet ist, so dass an dieser Stelle die beiden Knochen allein noch den Zusammenhang mit den unterhalb der Amputationsstelle befindlichen Theilen vermitteln, wird an denselben die Beinhaut in der gleichen Weise ringsum abgelöst und aufwärts geschoben unter genauer Befolgung aller der Cautelen, welche oben (pg. 43) bei der Oberschenkelamputation des Nähern erörtert worden sind.

Sind auf diese Weise die beiden Knochen in einer Strecke von 3—4 Centimeter von ihrer Beinhaut entblösst, so werden sie an dem obern Ende dieser Strecke unter der Säge quer durchtrennt, während die Weichtheile durch die Finger des oben stehenden Gehülfen oder mittelst einer 3köpfigen Spaltcompresse zurückgehalten und gegen die Säge geschützt werden. Bedient man sich der letzteren, so wird deren mittlerer Kopf von hinten nach vorn durch den Zwischenknochenraum hindurch gesteckt, die beiden anderen

Köpfe von aussen um Tibia und Fibula herum geführt und vorn schräg gekreuzt, worauf alle 3 Köpfe an der vordern und der Grund der Compresse an der hintern Seite des Unterschenkels aufwärts geschlagen und stramm angezogen werden, so dass die Durchsägungsstelle der beiden Knochen ganz frei zugängig daliegt.

Bei dem Sägen bildet man zunächst eine hinreichend tiefe Furche in der Tibia, und lässt dann erst die Säge die Fibula mit ergreifen, so dass entweder beide Knochen gleichzeitig oder die Fibula noch etwas früher als die Tibia vollständig durchschnitten werden, keinenfalls aber die Tibia früher als die Fibula. Während und besonders gegen das Ende des Sägens hin hat man darauf zu achten, dass die beiden Gehülfen, welche den Unterschenkel halten, denselben auch ganz genau in gerader Richtung halten, weil wenn dabei der Fuss gehoben und das Knie abwärts gedrängt gehalten wird, das Sägeblatt in der Sägefurche der Knochen eingeklemmt und festgehalten wird, während bei der entgegengesetzten Haltung des Gliedes und namentlich bei stärkerem Abwärtsdrücken des Fusses die Sägefurche zu sehr erweitert und dabei der noch nicht durchsägte Theil der Knochen in unregelmässiger Form abgebrochen, anstatt in gerader Linie durchsägt wird.

Nach der Durchsägung der Knochen bildet das untere Ende der vordern Kante der Tibia einen sehr scharfen Vorsprung, welcher die bei der nachfolgenden Wundvereinigung über ihn hingespannte Hautdecken in ernstlichster Weise mit der Gefahr eines von innen nach aussen fortschreitenden Gewebszerfalles bedroht. Eine solche ulceröse Perforation lässt sich mit Sicherheit nur durch Entfernung dieses Knochenvorsprunges verhüten, welche entweder jetzt sogleich nach der Durchsägung der beiden Knochen oder erst später nach vollendeter Gefässunterbindung unmittelbar vor der Wundvereinigung und zwar in folgender Weise auszuführen ist.

Zunächst wird das Periost auf dem vordern Umfang der Tibia eine Strecke weit aufwärts von dem Knochen mit grösster Vorsicht abgelöst und zwar so, dass diese Ablösung vorn auf der Kante der Tibia eine Strecke von $1^{1}/_{2}$—2 Centimeter beträgt, während sie an den beiden Seitenflächen dieses Knochens nach hinten und unten zu in abnehmender Höhe gemacht wird. Während nun von einem Gehülfen mit den Fingerspitzen oder mit breiten Spateln die Weich-

theile zu beiden Seiten der entblössten Stelle der Tibia zurückgehalten werden, und der Operateur selbst durch den linken Daumen
die Umschlagsstelle der Beinhaut zurückhält und schützt, setzt derselbe die Amputationssäge an dem obersten Ende der genannten
Knochenstelle in schräger Richtung auf und sägt den Knochen in
der gleichen Richtung längs dem Rande der abgelösten Beinhaut
durch, so dass die Säge auf der ersten queren Sägefläche der Tibia
etwas vor der hintern Wand der Markhöhle ausläuft. Das auf diese
Weise abgetrennte Knochenstück hat die Gestalt einer dreiseitigen
Pyramide, deren horizontale Basis von der Querschnittfläche der
Tibia herrührt, deren drei Flächen von der schrägen Schnittfläche
und den beiden Seitenflächen der Tibia gebildet werden und deren
Spitze von dem obersten Schnitt-Ende der senkrecht aufsteigenden
Crista Tibiae hergestellt wird.

Auf die Durchsägung der Knochen lässt man immer noch die
Abrundung der scharfen Kanten der Sägeflächen mittelst der Hohlmeisselzange folgen, wie diese oben pg. 44 beschrieben worden ist.
Bei der Amputation in dem obern und untern Gelenkende der Tibia, wo der Querdurchmesser der Knochenschnittfläche deren Sagit-
taldurchmesser erheblich übertrifft, nimmt man den hintern scharfen Knochenrand am besten durch einen schrägen Sägeschnitt fort,
in der Weise, welche bei der Amputatio femoris transcondylica
(pg. 53) näher beschrieben worden ist, selbsverständlich nach vorgängiger Ablösung und Zurückschiebung der Beinhaut an der betreffenden Stelle, und stellt dadurch eine ebenfalls von vorn nach
hinten abgerundete Knochenfläche her.

Die Blutstillung geschieht ganz nach den früher angegebenen Regeln.

Bei der Vereinigung der Wunde wird der vordere Hautlappen über die Wundfläche hinüber gelegt und hat man dabei
besonders darauf Acht zu geben, dass die an der Wundfläche desselben haftende Beinhautparthie zuvor möglichst glatt ausgebreitet
genau über die breite Sägefläche der Tibia hinübergelegt wird um
deren rasche Verklebung zu befördern. Während der Anheftung
des Hautlappens legt man zwei kleine Drainröhren unter denselben
ein, je in den Winkel, in welchem der Seitenrand des Hautlappens
mit dem untern queren Wundrand zusammentrifft.

Nach vollendeter Vereinigung der Wunde bildet der Stumpf einen von der vordern zur hintern Unterschenkelfläche gleichmässig abgerundeten Wulst, an dem nirgends eine scharfe eckige Hervorragung zu sehen oder zu fühlen ist, von der irgend ein nachtheiliger Einfluss auf den Heilungsprocess der Wunde befürchtet werden könnte.

Der Verband wird in der gleichen Weise wie nach der Amputation des Oberschenkels (pg. 48) angelegt, nur braucht man nach der Amputation in dem obersten Viertheil des Unterschenkels keine Propulsivbinde anzulegen, da an der Vorderfläche des Gliedes keine Muskelmasse gelegen ist, welche man über den Knochenstumpf hinüber legen könnte.

Bezüglich der Nachbehandlung ist hier nur auf einen Punkt aufmerksam zu machen, dessen sorgfältige Berücksichtigung unerlässlich ist, wenn anders die vorhin bezeichnete Aufgabe: Verhütung der Perforation des Hautlappens vollständig erreicht werden soll. Der Amputationsstumpf muss nämlich stets so gelagert werden, dass bei dem unvermeidlichen Hinabgleiten des Kranken im Bette, die Haut an der Rückseite des amputirten Gliedes, welche auf der Unterlage ruht, nicht in der Richtung von dem Stumpfende nach dem Rumpfe hin, sondern stets in der entgegengesetzten Richtung hin d. h. nach dem freien Stumpfende verschoben wird. Im ersten Falle wird nämlich die den Knochen bedeckende Haut von der Vorderfläche des Gliedes nach dessen Rückseite hin verzogen und dabei angespannt und entsprechend gegen das Knochenende angedrückt, während in dem anderen Falle die Haut von der Rückseite her nach vorn geschoben und entspannt wird, wie man deutlich aus den zahlreichen feinen Falten und Fältchen entnehmen kann, die bei dieser Lage des Stumpfes an der bezeichneten Stelle wahrnehmbar sind.

Schon Eingangs der Beschreibung der Unterschenkel-Amputation ist bemerkt worden, dass man in Fällen, in denen die Beschaffenheit der Haut an dem vordern Umfange des Unterschenkels die Amputation an der sonst angezeigten Stelle dieses Gliedes mit Bildung eines vordern Hautlappens nicht gestattet, man auch zur Bildung des erforderlichen Hautlappens die Haut von einer andern Stelle des Gliedes entnehmen kann. Veranlassung dazu geben namentlich solche Fälle, in denen die vordere Fläche des Unter-

schenkels mit Geschwüren oder Narben besetzt ist, die bis zur
Tuberositas tibiae hinauf sich erstrecken. Entschliesst man sich in
einem solchen Falle nicht zu der vorhin besprochenen tiefen Amputation des Oberschenkels durch die Condylen, sondern beharrt
man bei der hohen Amputation des Unterschenkels, so hat man den
zur Wundbedeckung nöthigen Hautlappen an erster Stelle aus dem
hintern Umfange des Unterschenkels, aus der Wade zu entnehmen,
sodann wenn dieses auch nicht möglich ist aus der einen oder andern
Seitenfläche und in letzter Instanz zur Bildung zweier Hautlappen
seine Zuflucht zu nehmen, welche letzteren sei es von gleicher oder
ungleicher Grösse, von der vordern und hintern oder von der rechten und linken Seitenfläche des Unterschenkels je nach der Beschaffenheit der Haut an den genannten Stellen genommen werden —
Operationsverfahren, die ich sämmtlich schon mit Erfolg geübt
habe, die aber hier keiner besondern Beschreibung mehr bedürfen.

Erwähnen will ich nur noch, dass ich unter den angeführten
Umständen den günstigsten Erfolg von der Bildung eines grossen
Hautlappens aus der Haut der Wade bei einem Kranken gesehen
habe, bei dem ich die hohe Amputation des Unterschenkels vorgenommen hatte wegen eines enormen bis zur Tuberositas tibiae hinauf reichenden Geschwüres verbunden mit elephantiasisartiger De-
generation der Haut an dem untern Umfange des Unterschenkels
und des ganzen Fusses, welcher letzterer in Hakenfuss-Stellung unbeweglich feststand.

Das Operationsverfahren in diesem Falle war kurz folgendes. Bei
stark, fast senkrecht in die Höhe gehobener und im Knie gerade gestreck-
ter Extremität umschnitt ich zunächst nach bekannten Regeln einen hinreichend grossen Lappen aus der Haut der Wade, überall bis auf die
Muskulatur dringend, löste denselben von der Unterlage bis zu seiner
Basis ab, schlug ihn nach oben zurück und liess ihn hier von dem Gehülfen fixiren. Jetzt liess ich die Extremität bis zur Horizontalen senken
und durchschnitt mit dem gewöhnlichen Amputationsmesser dicht vor der
Basis des Hautlappens sämmtliche Weichtheile des Gliedes in querer Richtung, worauf dann in der gleichen Weise wie vorhin für die Amputation
des Unterschenkels angegeben worden ist (pg. 61 u. ff.) beide Knochen
ringsum blos gelegt, durchgesägt und das Ende der Tibia abgerundet
wurden.

Nachdem sodann die Blutung gestillt war, ward der Hautlappen
vorgezogen und ausgebreitet, in den Grund des von ihm und von der

Schnittfläche der Wadenmuskulatur gebildeten Winkels ein ziemlich dickes Drainagerohr quer eingelegt, so dass dessen beide Enden rechts und links die Oberfläche des Stumpfes um ein Weniges überragten, sodann der Hautlappen von unten und hinten nach oben und vorn emporgeschlagen und in der ganzen Ausdehnung seines Wundrandes an den vordern Hautwundrand durch die blutige Naht angeheftet. Antiseptischer Verband.

Der Lappen heilte fast in der ganzen Ausdehnung seiner Fläche und seines Randes per primam unionem an, so dass nach acht Tagen die Drainröhre entfernt werden konnte und mit dem Ende der zweiten Woche die Vernarbung vollendet war.

Eine etwas eingehendere Besprechung verdienen noch die an dem untern Ende der Tibia und Fibula in dem Bereiche der Malleolen vorzunehmenden Unterschenkelamputationen, welche gleich der transcondylären und supracondylären Amputation an dem untern Ende des Femur als Amputatio cruris supramalleolaris und transmalleolaris bezeichnet werden können. Beide Amputationen sind längst bekannt, letztere namentlich unter der Bezeichnung Exarticulation des Fusses im Fussgelenke verbunden mit Resection der beiden Knöchel, hauptsächlich in den beiden Modificationen dieser Operation, welche von Syme und von Pirogoff angegeben worden sind.

Ich unterlasse es hier in eine nähere therapeutische Würdigung dieser Operation einzugehen und deren Licht- und Schattenseiten durch eine Vergleichung derselben einerseits mit den innerhalb der Fusswurzel vorzunehmenden partiellen Exarticulationen des Fusses nach Malgaigne und Chopart und andererseits mit der höheren Amputation des Unterschenkels in dem untern Drittel desselben auseinanderzusetzen und beschränke mich hier auf die Beschreibung der technischen Ausführung dieser Operation. Da dieselbe aber je nach den Umständen sehr verschieden vorzunehmen ist, so kann es hier nicht umgangen werden bei den Hauptmodificationen kurz die Momente anzuführen, von denen die Entscheidung für die Wahl der einen oder anderen dieser Modificationen abhängt.

Wesentlich bei allen diesen Operationen ist der Knochenschnitt, welcher quer durch Tibia und Fibula in dem Bereiche der Malleolen gelegt wird; unwesentlich ob dieser Schnitt etwas tiefer d. h. grade in oder dicht über der horizontalen Gelenkfläche der Tibia oder etwas höher, bis etwa einen Finger breit oder noch mehr oberhalb dieser Gelenklinie gelegt wird. Es kommt nämlich vor, dass nachdem man den Knochenschnitt tiefer gelegt hat, die Knochensubstanz auf der Schnittfläche noch erkrankt sich zeigt, so dass man einen zweiten Schnitt etwas höher anzulegen sich genöthigt sieht, ohne dass dadurch übrigens die weitere Ausführung der Operation und deren Ergebniss wesentlich geändert zu werden braucht. (Man vergleiche noch nachher pg. 70 und 79.)

Um so grössere Verschiedenheiten zeigt dagegen die Schnittführung durch die Weichtheile, von welcher wir jedoch hier nur die drei Hauptverschiedenheiten näher beschreiben wollen, indem wir von den zahlreichen untergeordneten und unwesentlichen Modificationen der drei Haupttypen Umgang nehmen. Man kann nämlich zur Bedeckung der Knochenwundfläche

1) einen vordern grossen Hautlappen entnehmen aus der Rückenfläche des Fusses — Bruns; oder

2) einen Hautlappen bilden aus der Haut der Ferse, nachdem die betreffenden Fusswurzelknochen aus der letztern ausgeschält worden sind — Syme; oder endlich

3) einen Hautlappen ebenfalls aus der Ferse entnehmen, indem man jedoch einen Theil des Fersenbeins, namentlich dessen hintern Fortsatz, ungestört in seiner Lage in der Fersenhautkappe zurücklässt — Pirogoff.

Betrachten wir jetzt diese drei Verfahren der transmalleolären Amputation des Unterschenkels etwas näher.

Erstes Verfahren.

Das erste Verfahren, bei welchem die Wundfläche der Unterschenkelknochen mit einem vordern Lappen aus der Haut des Fussrückens bedeckt wird, ist das einfachste und leichteste Verfahren. Die Brauchbarkeit der Extremität nach der Heilung ist gleich gut wie nach dem zweiten Verfahren aber weniger gut als nach dem dritten Verfahren, da bei diesem letztern die Verkürzung des Glieds weniger gross ausfällt. Es ist daher zu wählen, wenn die Haut auf dem obern Theile des Fussrückens gesund, dagegen die Haut der Ferse in dem Grade von Geschwüren durchsetzt oder sonst in der Art erkrankt ist, dass aus ihr ein Bedeckungslappen nicht genommen werden kann.

Bei der Ausführung dieser Operation beginnt man mit einem Bogenschnitte, welcher (bei dem rechten Fusse) auf dem rechten Knöchel beginnt in gerader Richtung an dem äussern Fussrande bis zur Gegend des Würfelbeins läuft, dann in einem nach vorn convexen Bogen über den Fussrücken hinüber zu der entsprechenden Stelle des inneren Fussrandes sich wendet und von hier wieder bis zum innern Knöchel sich erstreckt. Der so umschriebene Hautlappen wird von dem Fussrücken abgetrennt und zwar in dem lockern Zellgewebe dicht auf dem Knochengerüst der Fusswurzel, so dass alle darüber gelegenen Gebilde, namentlich auch die A. dorsalis pedis nebst dem dünnen Musculus extensor digitorum brevis etc. an der untern Fläche des Hautlappens sitzen gelassen werden. Ist man auf diese Weise bis zu dem Tibio-Tarsalgelenk vorgedrungen, so wird dieses zunächst von vorn geöffnet und dann unter entsprechenden Drehungen des Fusses in entgegengesetzter Richtung dessen seitliche Befestigungen getrennt, indem man mit dem Messer immer dicht an der Oberfläche der Knöchel sich hält. Sind letztere auf diese Weise bis zu ihrer Basis d. h. bis etwas über die Höhe der Gelenkfläche hin ringsum frei gelegt, so durchschneidet man jetzt an dieser Stelle oben mit einem kleinen Amputationsmesser oder mit dem bis dahin benutzten Messer die sämmtlichen Weichtheile an der hintern Seite des Gliedes in gerader horizontaler Richtung und lässt dann die Durchsägung der beiden Knochen folgen.

Die Durchsägung der Knochen wird vorgenommen, nachdem man zuvor dicht über dem Rande der horizontalen Gelenkfläche des Schienbeins mit dem Knochenmesser die Insertion der Gelenkkapsel rings herum vollständig durchschnitten hat. Sind in dieser Linie die Knochen durchsägt, so löst man mit dem Elevatorium die Beinhaut von diesem Sägerande einige Linien weit aufwärts von den Knochen los und sägt dann von dieser Stelle aus den vordern und den hintern Rand der Sägefläche in schräger Richtung· ab in der gleichen Weise wie dieses schon bei der Amputatio femoris trans- und supracondylica des Nähern beschrieben worden ist (S. pg. 53). In derselben Weise wie dort werden dann auch hier die beiden stumpfen Winkel der Sägefläche beseitigt, so dass eine von vorn nach hinten gleichmässig abgerundete, walzen-

förmige Knochenwundfläche hergestellt ist, über welche der Hautlappen glatt und ohne Spannung hinübergelegt und durch die blutige Naht befestigt werden kann.

Bemerken muss ich hier noch, dass wenn diese Operation wegen Caries in dem Fussgelenke vorgenommen wird, es sehr oft
vorkommt, dass man die Durchsägung der Knochen weiter aufwärts
verlegen muss, um alles Krankhafte zu entfernen, sei es nun vor
der ersten Durchsägung, wenn die weitere Ausdehnung der Knochenerkrankung schon vor diesem Akte erkannt worden war, oder erst
nach derselben, wenn sich auf der Sägefläche eine so weit und so
tief in die Tibia hinein erstreckende eitrige oder geschwürige Erkrankung herausgestellt hat, dass deren Beseitigung durch Anwendung des scharfen Löffels nicht mehr ausführbar erscheint.

Unter solchen Umständen kann es dann geschehen, dass man
sich zu einer zweiten, ja noch mehrmaligen Abtragung dünnerer
oder dickerer scheibenförmiger Stücke von den beiden Unterschenkelknochen genöthigt sieht, wobei dann selbstverständlich die Schnitte
in den Weichtheilen entsprechend verlängert oder höher oben neu
angelegt werden müssen.

Es wiederholt sich somit bei der transmalleolären Amputation
des Unterschenkels bezüglich der vorgängigen Diagnose der Ausdehnung der Knochenerkrankung genau dasselbe, was schon oben
pg. 54 bei der transcondylären Amputation des Oberschenkels an-
geführt worden ist. Wie dort ein Fall mitgetheilt worden ist, in
welchem die transcondyläre Amputation des Oberschenkels als hohe
Oberschenkelamputation beendigt wurde, so wird man weiter unten
bei der Erörterung des drittens Verfahrens (pg. 80) eine Beobachtung finden, in welcher die nach Pirogoff'scher Methode begonnene transmalleoläre Amputation als Amputation in der Mitte des
Unterschenkels endigte.

Zweites Verfahren.

Bei dem zweiten Verfahren wird zur Bedeckung der Wundfläche die Fersenhaut genommen, und zwar so, dass sie durch eine
breite hintere (oder auch seitliche) Hautbrücke mit dem Unterschenkel in Verbindung gelassen wird, während das von ihr um-
gebene Fersenbein mit den übrigen Knochen des Fusses entfernt
wird. So zweckmässig auch auf den ersten Blick dieses haupt-

sächlich von Syme*) geübte und empfohlene Verfahren erscheinen mag, weil der Knochenstumpf mit derselben Hautparthie bedeckt wird, welche bei dem normalen Stehen und Gehen die Last des Körpers zu tragen hat, so wenig günstig hat sich doch bis jetzt die Erfahrung darüber ausgesprochen, wie denn auch gegenwärtig dieses Verfahren von deutschen Aerzten viel seltener geübt zu werden scheint, als dieses vordem der Fall gewesen ist. Unter 11 von mir ausgeführten Operationen dieser Art habe ich nur einen sehr guten Erfolg gesehen, in drei Fällen konnte man immerhin noch von einem befriedigenden Erfolg reden, in vier Fällen war der Erfolg unbefriedigend oder schlecht zu nennen und 3 Fälle endeten mit dem Tode.

Der Hauptübelstand bei dieser Operation ist nächst der nahe liegenden Gefahr des brandigen Absterbens des Fersenlappens die Unmöglichkeit diesen Lappen überall so genau an die Wundfläche der Unterschenkelknochen anzupassen, dass eine vollständige rasche Verklebung desselben zu Stande kommen kann. Es bleiben nämlich bei dem Anpassen des Hautlappens an den Knochen immer Lücken oder Hohlräume in der Tiefe zurück, welche zu Ansammlung von Eiter und deren Folgen Anlass geben und so auch im günstigsten Falle immer eine sehr lange Dauer des Heilungsvorganges zur Folge haben.

Dementsprechend kann ich auch diesem Verfahren keine besonderen Vorzüge vor den beiden anderen Verfahren zugestehen und keine besondere Indikation dafür aufstellen; ich schreite deshalb auch gegenwärtig zu demselben nur dann, wenn bei der Ausführung des dritten gleich zu beschreibenden Verfahrens eine so weit gehende Erkrankung des hintern Fortsatzes des Fersenbeins gefunden wird, dass dessen Erhaltung nicht mehr thunlich erscheint. Dann wird sofort noch die vollständige Ausschälung dieses Fortsatzes aus der Fersenkappe vorgenommen und so die nach Pirogoff begonnene Operation als Syme'sche Operation beendigt.

Zur Erleichterung der ziemlich schwierigen technischen Aus-

*) London et Edinburgh monthly Journal of Medical Science. Februar 1843 und August 1844 — Journal de chirurgie par Malgnigne. Paris 1844. T. II. pg. 267.

führung der Syme'schen Operation sind mehrfache Aenderungen derselben vorgeschlagen, welche sich hauptsächlich dadurch von einander unterscheiden, je nachdem die Verbindung des Fersenlappens mit dem Unterschenkel durch eine h i n t e r e breite Hautbrücke belassen wird, wie es von S y m e geschehen ist, oder ob man dazu eine seitliche den innern Knöchel bedeckende Hautparthie nimmt. Ohne hier auf diese Vorschläge näher einzugehen, will ich nur kurz dasjenige Verfahren beschreiben, welches sich mir als das zweckmässigste herausgestellt hat und welches sich dem von S y m e am nächsten anschliesst, darin aber von demselben abweicht, dass die Ausschälung des Fersenbeins aus der Fersenkappe von mir in entgegengesetzter Richtung vorgenommen wird, welche Abänderung für den schwierigsten Theil der Operation eine wesentliche Erleichterung gewährt.

Man beginnt die Operation an dem hoch gehaltenen Fusse mit einem kräftigen Schnitte, welcher (bei dem rechten Fusse) an dem vordern Rande des äussern Knöchels anfängt, senkrecht zur Fusssohle hinabgeht, dann quer durch letztere hindurchläuft und schliesslich wieder senkrecht zum vordern Rande des innern Knöchels emporsteigt. In diesem ganzen Verlaufe muss das Messer in kurzen sägeförmigen Zügen geführt sämmtliche Weichtheile bis auf die Knochen durchtrennen. Durch einen zweiten Schnitt, welcher bogenförmig vor dem Fussgelenk über den Fussrücken verlaufend Anfang und Ende des ersten Schnittes verbindet, werden ebenso die Weichtheile bis auf den Knochen durchschnitten. Sodann dringt man den kleinen vordern Lappen von dem Fussrücken ablösend und in die Höhe schlagend mit dem Messer vorn in das Fussgelenk ein, trennt die seitlichen und nach ihnen die hinteren Befestigungen des Gelenks und dringt dann, mit dem Messer sich immer dicht an den Knochen haltend, von vorn nach hinten auf der obern so wie auf den beiden seitlichen Flächen des Fersenbeins vor, bis man zur Insertion der Achillessehne an dem Fersenhöcker gelangt. Während dieses ganzen Aktes muss der Operateur mit der linken Hand den vordern Theil des Fusses stets kräftig nach unten drücken und zugleich um seine Längsachse nach der Seite hin rotiren, an welcher gerade das Messer geführt wird, um demselben hinreichenden Raum zu seinen Bewegungen zu verschaffen, welcher Zweck noch dadurch gefördert wird, dass man gleichzeitig von einem Gehülfen mittelst eines Hakens die abgelösten Weichtheile fortwährend stark zur Seite ziehen lässt.

Ist man auf diese Weise bis zum hintern Ende des Fersenhöckers vorgedrungen, so wird nicht die Achillessehne quer durchschnitten, sondern bei senkrecht nach unten gedrängter Fussspitze ihre Insertion an der hintern Fläche des Fersenbeins möglichst nahe an dem Knochen abgetrennt, was zuweilen noch besser durch Abreissen mit dem Elevatorium *) als durch Schneiden mit dem Messer gelingt. Während nun der Fuss noch immer mehr nach hinten gedrängt wird, so dass seine Plantarfläche immer mehr nach aufwärts sich wendet, dringt man mit dem Messer von der hintern zur untern Fläche des Fersenhöckers vor, trennt zunächst die Insertion der Plantaraponeurose ab und dann alle übrigen Weichtheile an dem untern Umfange des Fersenbeins bis zu dem ersten Querschnitte durch die Fusssohle hin.

Bei genauer Befolgung des eben beschriebenen Verfahrens gelingt die Exarticulation des Fusses aus dem Tibiotarsalgelenke und die reine Ausschälung des Fersenbeins aus der Höhlung der Fersenkappe mit Vermeidung aller störenden Verletzungen anstossender Weichtheile (Verletzung der Arteria tibialis postica, Durchstechung der dünnen Haut über den Fersenhöcker etc.) am sichersten. Viel weniger ist dieses der Fall, wenn man nach der Vorschrift von Syme zuerst die Fersenkappe von der untersten Fläche des Fersenbeins ablöst, dann an der hintern Fläche desselben in die Höhe geht bis zur Insertion der Achillessehne, dann diese letztere quer durchschneidet und schliesslich auf der obern Fläche des Fersenbeins von hinten nach vorn in das Fussgelenk eindringt.

Ist der Fuss entfernt, so hat man nur noch die Absägung und Abrundung der Unterschenkelknochen in der pg. 69 beschriebenen Weise vorzunehmen und nach Stillung der Blutung die Wunde zu vereinigen, wobei besonders auf möglichst gleichmässiges und vollständiges Andrücken der erhaltenen Fusssohlenhaut an die Wundfläche der Knochen zu achten ist.

---

*) Bei jungen Individuen erfolgt auch zuweilen die Trennung in der Knorpelschicht, welche die hintere Epiphyse des Fersenbeins mit dem Körper des Fersenbeins verbindet.

Drittes Verfahren.

Das dritte Verfahren, bei welchem der Bedeckungslappen ebenfalls aus der Fersenhaut genommen wird, jedoch mit Erhaltung des
von dieser Hautparthie umgebenen hintern Fortsatzes des Fersenbeins in diesem Lappen, ist zuerst von N. Pirogoff unter der
Bezeichnung »Osteoplastische Verlängerung der Unterschenkelknochen bei der Exarticulation des Fusses« beschrieben worden *).

Gegenüber dem vorigen bietet dieses Verfahren zunächst den
Vortheil der leichtern technischen Ausführung dar, indem die so
schwierige Auslösung des Fersenhöckers aus der Fersenhaut weg-
fällt, bei welcher die Haut sehr leicht mit dem Messer durchstochen
oder doch so dünn abpräparirt wird, dass sie abstirbt und dadurch
den Verlust des ganzen Lappens herbeiführt. Sodann wird bei diesem Verfahren durch das Sitzenlassen des Fersenhöckers die bei
der Syme'schen Methode Statt findende Bildung eines Hohlraums
in der Fersenkappe vermieden, welcher wie schon erwähnt zur Ansammlung und Stagnation von Eiter und deren Folgen Anlass giebt.
Endlich wird der Unterschenkel weniger verkürzt, d. h. er bleibt
um 3—4 Centimeter länger als bei dem zweiten und ersten Verfahren, indem bei diesem dritten Verfahren der erhaltene Fersenbeinfortsatz um seine Querachse gedreht und mit seiner Sägefläche
auf die Sägefläche der Tibia gelegt und in dieser Lage mit letzterer
zur Verwachsung gebracht wird. Die Heilungsdauer ist kürzer als
nach der Syme'schen Operation und die Gebrauchsfähigkeit des
Stumpfes eine sehr gute.

Meine erste Operation dieser Art machte ich am 3. Juni 1854 bei
einem 31jährigen Mädchen wegen Caries tibiae et tarsi verbunden mit
Talipes equinus. Mitte August wurde die Operirte entlassen. Am 27.
Juli 1855 stellte sich dieselbe mir wieder vor, nachdem sie den 15 Stunden
betragenden Weg von ihrer Heimath nach Tübingen in zwei Tagen ganz
zu Fuss zurückgelegt hatte. Bei dem Gehen im Zimmer bemerkte man
nicht die geringste Störung. Die Verkürzung des operirten Unterschenkels
betrug 4 Centimeter und ward durch eine entsprechende Erhöhung des
Hackens des Stiefels ausgeglichen**).

Eine Aufforderung zur Vornahme dieses Pirogoff'schen Ver-

---

*) N. Pirogoff, Klinische Chirurgie. Leipzig 1854. Heft 1. pg. 1—21.
**) Schmidt, Statistik etc. pg. 29.

fahrens ergiebt sich bei allen denjenigen Verletzungen und Erkrankungen des Fusses, welche die Entfernung desselben durch
Amputation in dem untersten Theile der Unterschenkelknochen er-
heischen, jedoch unter der Bedingung, dass das Fersenbein und die
den Fersenhöcker bedeckende Haut noch so weit gesund sind, dass
sie die erfolgreiche Vornahme dieser Operation gestatten.

Ausführung dieser Operation nach Pirogoff. Man beginnt mit einem Schnitt dicht vor dem äussern Knöchel, führt ihn
vertikal herunter zur Fusssohle und endlich wieder senkrecht hinauf
bis zum innern Knöchel, wo man ihn ein paar Linien vom Knöchel
nach vorn führend endigt; hiebei werden alle Weichtheile sofort
bis auf das Fersenbein durchschnitten. Mit dem zweiten, halbmond-
förmigen, nach vorn convexen Schnitt verbindet man einige Linien
vor dem Tibiotarsalgelenke das äussere Ende des ersten Schnittes
mit seinem innern Ende. Hiebei werden ebenfalls alle Weichtheile
mit einem Male bis auf den Knochen durchschnitten, worauf man
zur Eröffnung des Gelenks von vorne schreitet, indem man die
Seitenbänder durchschneidet und dadurch die Rolle des Astragalus
exarticulirt. Hierauf setzt man eine kleine schmale Amputationssäge hinter dieser Rolle senkrecht auf das Fersenbein, gerade an
der Stelle des Sustentaculum tali und durchsägt das Fersenbein,
wobei man mit der Säge in dem ersten Hautschnitte bleibt. Endlich präparirt man den kürzeren vorderen Lappen etwas von beiden
Knöcheln ab und durchsägt diese letztere dicht an ihrer Basis *)
gleichzeitig oder etwas höher. Der den hintern Fersenbeinfortsatz
enthaltende Lappen wird nach vorn geschlagen und dessen Sägefläche mit der Gelenkfläche oder mit der Sägefläche des Schienbeins
in Berührung gebracht. Die Erhaltung des Lappens in dieser Lage
geschieht durch einige Heftpflaster oder Suturen und durch Anlegung eines unbeweglichen Kleister- oder Gips-Verbandes; beide
Winkel der Wunde aber lässt man offen.

---

*) Bei dem Sägeschnitt an dieser Stelle wird der grösste Theil der Knor-
pelbedeckung der horizontalen Gelenkfläche der Tibia sitzen gelassen. Der
rascheren Heilung wegen ist es jedoch zweckmässiger den Schnitt einige Millimeter höher anzulegen, so dass der Gelenkknorpel vollständig mit entfernt
und der Sägeschnitt durchgehends in spongiöser Knochensubstanz geführt
wird.

Trotz der zahlreichen günstigen Erfolge, welche dieses rasch in Aufnahme gekommene Verfahren aufzuweisen hat, bietet es dennoch einige Schattenseiten dar. Als solche habe ich namentlich zu erwähnen die Schwierigkeit, welche man zuweilen findet, den Fersenhöcker so weit als nöthig nach vorn aufzuschlagen, wobei derselbe um einen rechten Winkel gedreht werden muss, wenn andererseits seine senkrecht angelegte Sägefläche mit der horizontal liegenden Sägefläche des Schienbeins in die erforderliche genaue Berührung gebracht werden soll. Diese Schwierigkeit stellt sich um so grösser heraus, je mehr und je länger einerseits der Fuss vor dieser Operation eine Spitzfussstellung mit emporgezogenem Fersenhöcker eingenommen hat, desgleichen je kleiner und besonders je niedriger der Talus in seinem Höhendurchmesser ist, und andererseits je genauer die Durchsägung des Fersenhöckers in senkrechter Richtung auf seine horizontale Längsachse vorgenommen worden ist. In solchen Fällen hat man sich sogar genöthigt gesehen, um das genaue Aufeinanderpassen der beiden Sägeflächen zu erzielen die Achillessehne zu durchschneiden oder noch nachträglich von dem einen der beiden Knochen, namentlich von der Tibia ein entsprechend dickes scheibenförmiges Stück abzusägen.

Ist nun auch unter solchen Umständen schliesslich die Coaptation der Sägeflächen der beiden Knochen gelungen, so macht das genaue unverrückte Zusammenhalten der beiden Knochenflächen in dieser Lage, ohne welches eine rasche Verwachsung derselben nicht zu Stande kommen kann, weitere Schwierigkeiten. Die Suturen durch die Wundränder der Haut und eben so auch Gipsverbände über den Stumpf mit lang am Unterschenkel hinaufreichenden Bindenstreifen reichen zu dem gedachten Zwecke nicht immer aus; ja sogar die directe Vereinigung der beiden Knochenflächen durch die Knochennaht, d. h. zwei oder drei Silberdrähte durch die vorderen Ränder des Schienbeins und des Fersenbeinhöckers gelegt, hat mich öfters im Stiche gelassen. Zuweilen schnitten die Drähte gleich bei dem ersten Anlegen bei dem Zusammendrehen der Drahtenden durch; andere Male erfolgte dieses Durchschneiden des Drahtes durch den einen oder andern Knochenrand zwar erst nach einigen Tagen, jedoch immer noch früher als eine hinreichend feste Verwachsung der beiden Knochenwundflächen zu Stande gekommen war, so dass man die grösste Mühe und Sorgfalt anwenden musste, um durch die übrigen Mittel der unblutigen Vereinigung die beiden Knochenwundflächen in der erforderlichen andauernden genauen Berührung zu erhalten. Ein solches Nichtgenügen der Knochennaht wird hauptsächlich beobachtet in Fällen, in denen diese Operation bei jugendlichen Individuen mit langdauernder Caries der Gelenkverbindungen zwischen Talus oder Tibia oder Talus und Calcaneus vorgenommen wird, weil hier fast ausnahmslos die Knochen in hohem Grade von excentrischer Anostose ergriffen sind, so dass weder die spongiöse noch die corticale Knochensubstanz den durchgelegten Drähten einen genügenden Halt zu geben im Stande ist.

Zur Vermeidung und Umgehung der gerügten Uebelstände sind von verschiedenen Seiten her Abänderungen des Pirogoff'schen Verfahrens empfohlen worden, auf deren nähere Beschreibung und Beurtheilung näher einzugehen hier jedoch nicht der Ort ist, vielmehr beschränke ich mich darauf, nur diejenige Abänderung zu beschreiben, welche ich schon seit längerer Zeit mit dem günstigsten Erfolg in Anwendung gezogen habe.

Das Wesentliche dieser Modification *) besteht darin, dass nicht der hintere Fortsatz des Fersenbeins allein erhalten wird, sondern das ganze Fersenbein mit Ausnahme einer dünnen bogenförmigen Scheibe seines obern Randes, welche die Gelenkverbindung mit dem Sprungbein enthält, wodurch eine querlaufende Furche gebildet wird, welche gerade passend ist, um die Sägefläche des untern Endes des Schienbeins aufzunehmen, welcher man wie bei dem ersten Verfahren eine von vorn nach hinten convexe Gestalt (pg. 69) gegeben hat. Bei diesem Verfahren findet gar keine Drehung des erhaltenen Fersenbeins Statt, sondern dasselbe wird nur einfach gerade von unten nach oben emporgehoben und zwar um so viel als die Höhe des exstirpirten Talus nebst den beiden von dem Schienbein und von dem Fersenbein abgesägten Gelenkflächen beträgt. Nach der Heilung findet der erhaltene Theil des Fusses beim Stehen und Gehen genau mit derselben Stelle seinen Stützpunkt auf dem Boden, wie vor der Operation.

---

*) Eine kurze Mittheilung dieses Verfahrens findet sich in der pg. 79 citirten Abhandlung von P. Bruns pg. 655.

Ausgeführt wird diese Operation in folgender Weise. Man bildet zunächst einen vordern oder obern grossen Hautlappen, indem man (bei dem rechten Fusse) das Messer auf die Basis des (äussern) Knöchels einsticht, bis zu dessen Spitze abwärts führt, dann in horizontaler Linie etwas unterhalb des obern Randes des Fersenbeins nach vorn führt bis zu dem hintern Ende des fünften Mittelfussknochens, dann unter einem abgerundeten rechten Winkel quer über den Fussrücken hinüber und endlich in gleicher Weise an dem innern Fussrande zurück bis zu dem innern Knöchel. Dieser Hautlappen wird in dem lockern Zellgewebe auf dem Fussrücken von vorn bis zum Fussgelenk hin abpräparirt, und letzteres weit geöffnet, indem man mit dem Messer überall dicht an den Knöcheln sich haltend, alle Verbindungen dieses Gelenks mit dem Sprung- und Fersenbein durchtrennt, bis der Fuss ganz nach hinten zurückgeschlagen werden kann und die Gelenkenden der Tibia und Fibula frei da liegen. Letztere werden nun dicht oberhalb der Gelenkfläche der Tibia quer durchgesägt und die Sägefläche von vorn nach hinten abgerundet, wie dieses früher pg. 69 beschrieben worden ist.

Nun durchtrennt man die Verbindungen des frei da liegenden Sprungbeins mit dem Fersenbein und mit dem Kahnbein in der Richtung von hinten nach vorn, trennt eben so die Verbindung des Fersenbeins mit dem Würfelbein von oben nach unten und schneidet dann die Weichtheile der Fusssohle etwas weiter nach vorn zu in querer Richtung durch. Es folgt nun die Absägung der obern Gelenkfläche des Fersenbeins *) in einer Bogenlinie, welche mit einer Stichsäge oder mit meiner Resectionssäge mit schräg gestelltem schmalem Sägeblatte ausgeführt wird, indem man sich dabei nahe den Contouren des Gelenkrandes oder bei vorhandener Caries an die sichtbaren Gränzen der Erkrankung hält, während man gleichzeitig die seitlichen Hautwundränder mit scharfen Haken stark abwärts ziehen lässt, um sie gegen Beschädigung durch die Säge zu

---

*) In der von Es march, kriegschirurgische Technik pg. 224. fig. 408 gegebenen Abbildung meines Verfahrens ist der Bogenschnitt an dem Fersenbein zu lang und zu flach gezeichnet, da er nicht die g a n z e obere Fläche des Fersenbeins begreift, wie es in der Figur dargestellt ist, sondern n u r den Theil dieser Fläche, welche die Gelenkfläche mit dem Sprungbein darstellt.

schützen. Zum Schlusse hat man nur noch die Gelenkfläche des vordern Endes des Fersenbeins mit dem Würfelbeine von oben nach unten mit der Säge oder mit dem Knochenmesser abzutragen. Die Anpassung des Fersenbeins an das Schienbein und die Fixirung desselben in dieser Lage gelingt dann immer ohne alle Schwierigkeit.

Die Ausführung dieser Modification der Pirogoff'schen Operation setzt übrigens voraus, dass noch ein grösserer Theil des Fersenbeins gesund ist, als dieses bei dem ursprünglich Pirogoff'schen Verfahren der Fall zu sein braucht. Wird diese Modification bei Caries in der Gelenkverbindung des Astragalus mit dem Calcaneus vorgenommen, so darf die cariöse Zerstörung an dem letztern nur eine peripherische sein, so dass dieselbe mit dem beschriebenen Sägeschnitte vollständig entfernt wird, oder höchstens noch an beschränkter Stelle sich etwas tiefer in die Substanz des Fersenbeins hinein erstreckt, so dass die cariöse Parthie noch gut durch Anwendung des scharfen Löffels beseitigt werden kann. Ist dieses nicht der Fall, dehnt sich die Caries im Innern des Körpers und des vordern Fortsatzes des Fersenbeins weiter aus, so muss man zur Durchsägung dieses Knochens hinter dem Sustentaculum tali, also zu der eigentlichen Pirogoff'schen Operation schreiten; ja sogar, wenn man jetzt auf der Sägefläche die Caries im Innern des Fersenhöckers noch weiter nach hinten in grosser Breite sich erstrecken sieht, so dass eine Auslöffelung der Caries hier nicht mehr zulässig erscheint, muss man jetzt noch zur vollständigen Exstirpation des Fersenhöckers schreiten.

Fälle dieser letztern Art, in denen man sich genöthigt sieht eine transmalleoläre Amputation des Unterschenkels, die man nach dem Pirogoff'schen Verfahren begonnen hat, als Syme'sche Operation zu beendigen, sind gar nicht so selten, wie denn u. A. schon vor einigen Jahren vier Fälle dieser Art aus meiner Klinik*) kurz veröffentlicht worden sind. In einem weitern Falle wurde sogar schon bei dem Durchsägen der Tibia eine so weit aufwärts reichende centrale Erkrankung dieses Knochens gefunden, dass

---

*) P. Bruns, Erfahrungen über künstliche Blutleere bei Operationen in Langenbeck Archiv für klinische Chirurgie 1876. Bd. XIX. pg. 662. Fall 15. 16. 17. 18.

von der Tibia mehrere Stücke nach einander abgesägt werden
mussten, in Folge dessen die als Pirogoff'sche Amputation begonnene
Operation als Amputation in der Mitte des Unterschenkels beendigt ward. (Vergleiche oben pg. 70.)

Dieser Fall betraf einen 41jährigen Mann, welcher sich ein Jahr zuvor durch eine heftige Distorsion des Fussgelenkes eine ulceröse Entzündung desselben zugezogen hatte, die später nach aussen aufgebrochen
war und durch andauernde Schmerzen und starke Eiterung den Kranken
sehr herunter gebracht hatte. Am 30. Juli 1874 begann ich die supra-
malleoläre Amputation des Unterschenkels nach dem eben beschriebenen
Verfahren von Pirogoff, allein nach der Durchsägung der Tibia und
Fibula zeigt sich auf deren Schnittfläche eine diffuse osteomyelitische
Eiterung, welche sich soweit in dem Schafte der Tibia aufwärts erstreckte,
dass erst nach Absägung dreier weiterer Knochenstücke in der Mitte des
Unterschenkels gesunde Marksubstanz erreicht wurde. Beendigung durch
Zirkelschnitt mit vorderem Hautlappen. Blutverlust gering, nur 4 Ligaturen angelegt. Verband mit feuchten Carbolcompressen. Fast gänz-
lich fieberloser Verlauf. Heilung der Wunde grösstentheils per primam
unionem, nach 24 Tagen beinahe vollständig beendet.

Amputation des Oberarms.

Das technische Verfahren bei der Amputation des Oberarms
ist dem bei der Amputation des Oberschenkels so ganz gleich, dass
eine besondere Beschreibung desselben nur eine Wiederholung der
oben pg. 41 gegebenen Beschreibung sein könnte, so dass ich mich
hier auf einige ganz kurze Bemerkungen beschränken kann.

Gestattet die Beschaffenheit der Haut des Oberarms ganz freie
Wahl der Stelle, von welcher man den Hautlappen entnehmen will,
so bildet man denselben aus der Haut der vordern Fläche des Oberarms, so dass dieser Lappen bei der Rückenlage des Operirten im
Bette vor der Wundfläche des Zirkelschnittes gerade hinabhängt.

Bei der Amputation in dem obern Drittel des Oberarms nimmt
man den Hautlappen mehr aus der äussern Fläche der Schulter,
weil hier der Operirte meist eine Seitenlage auf der entgegengesetzten Körperseite einzunehmen pflegt; bei der Amputation in
dem untersten Theile des Oberarms verlegt man die Stelle der
Hautlappenbildung etwas mehr nach der innern Seite hin, so dass
der Hautlappen mit seiner Fläche parallel der breiten Fläche des

Humerus zu liegen kommt. Doch hat man sich an die genannte Stelle nicht genau zu binden, man nimmt den Hautlappen da, wo man die am meisten zu seiner Bildung geeignete Haut findet.
Die Abtrennung des Hautlappens einschliesslich des gesammten Unterhautzellgewebes und der Fascie lässt sich sehr leicht, fast durch blosses Anziehen desselben bewirken, und bedarf es nur da, wo die Fascie in den beiden grossen Muskelinterstitien mit dem in der Tiefe befindlichen Zellgewebe in näherem Zusammenhange steht, einer leichten Nachhülfe mit dem Messer.

Nach vollzogenem Zirkelschnitte an der Basis des zurückgeschlagenen Hautlappens wird die Beinhaut in gleicher Weise wie am Femur vorsichtig rings um den Humerus abgelöst und nach oben geschoben, und gelingt es hier häufiger als an dem Femur dieselbe in Form einer vollständigen röhrenförmigen Hülse zu erhalten.

Bei der Abrundung der Sägeschnittfläche des Knochens mit der Hohlmeisselzange nehme man hier ebenfalls darauf Rücksicht, dass die Abrundung derselben überwiegend in der Richtung geschieht, in welcher der Hautlappen über die Amputationsfläche hinüber gelegt wird.

Amputation des Vorderarms.

Bei der Amputation des Vorderarms nimmt man den Hautlappen aus der Haut an der Rückenseite dieses Gliedes und nur wenn dieses nicht thunlich aus der Volarseite; in beiden Fällen kommt Anfang und Ende des Hautlappenschnittes auf den Radial- und Ulnarrand des Vorderarms zu liegen.

Wird die Amputation in der untern Hälfte des Vorderarms gemacht, wo die meisten Muskeln schon in Sehnen übergegangen sind, so hat man bei dem Zirkelschnitte besonders auf eine vollständige Durchschneidung dieser Sehnen mit dem Amputationsmesser zu achten und zwar nicht blos in der Tiefe der von den beiden Knochen gebildeten Rinnen auf der Dorsal- und Volarseite, sondern auch derjenigen Sehnen, welche wie z. B. die Sehne des M. Supinator longus an der Aussenfläche der Knochen hinablaufen. Bei der nachfolgenden Trennung der Muskeln und Sehnen in der

Tiefe der beiden eben erwähnten Rinnen, welche eben so wie an dem Unterschenkel (s. pg. 61) ausgeführt wird, hat man den Vorderarm in voller Supination halten zu lassen, weil bei dieser Armstellung das Spatium interosseum am weitesten und daher dem Messer am meisten zugängig ist.

In derselben Stellung des Vorderarms wird auch zum grössten Theile die Ablösung der Beinhaut an den beiden Knochen in der vorgeschriebenen Weise bis zu der Stelle hinauf vorgenommen, an welcher die Knochen durchgesägt werden sollen; die Durchsägung selbst wird dann jedoch bei einer Mittel-Stellung des Vorderarms zwischen Pronation und Supination vorgenommen.

Alle übrigen Punkte bedürfen hier keiner nähern Beschreibung mehr, sie ergeben sich von selbst aus dem, was bei den früher beschriebenen Amputationen gesagt worden ist. Nur schliesslich sei hier noch bemerkt, dass man die Amputation in dem untersten Theile des Vorderarms auch ganz nach Analogie der transcondylären Amputation des Oberschenkels ausführen kann, nämlich in der Weise, dass man zuerst die Exarticulation der Hand in dem Handgelenke mit Bildung eines Hautlappens aus dem Rücken der Hand macht und dann das untere Ende des Radius mit der Säge in gleicher Weise wie das unterste Ende des Femur wegnimmt, und so einen breiten von vorn nach hinten (oder von oben nach unten) abgerundeten Knochenstumpf herstellt. Bei der eigenthümlichen Beschaffenheit der Rückenfläche dieses Endes des Radius lässt sich von derselben keine Periosthülse ersparen und muss hier wie dort die Verwachsung des Hautlappens mit der Wundfläche des Knochens erfolgen.

Nachbehandlung.

An die Beschreibung der technischen Ausführung der Amputation reihet sich unmittelbar die Erörterung der weitern Behandlung der gesetzten Wunde und des Verwundeten überhaupt an. Selbstverständlich kann es hier nicht meine Absicht sein, diese Nachbehandlung nach Amputationen nach allen Seiten hin ausführlich zu besprechen, vielmehr habe ich mich hier auf eine kurze Darstellung der Grundsätze zu beschränken, welche sich auf die örtliche Behandlung der Amputationswunde, d. h. den Verband und dessen Wechsel nach Zeit und Art beziehen, wie sich dieselben in einer langen reichen Erfahrung bei mir herausgestellt haben.

Als obersten Grundsatz stelle ich hier voran: der Verband soll nur so selten als möglich erneuert werden und zwar nur dann, wenn bestimmte Anzeigen für den Wechsel desselben vorhanden sind.

Jedes Abnehmen und Wiederanlegen des Verbandes einer Amputationswunde führt eine Menge Momente mit sich, welche sehr leicht einen störenden oder nachtheiligen Einfluss auf die Heilungsvorgänge in der Wunde auszuüben vermögen und welche auch bei vorsichtigster und schonendster Ausführung des Verbandwechsels nie ganz abgehalten werden können. Abgesehen von dem psychischen Eindrucke den jeder Verbandwechsel zumal in der ersten Zeit nach der Operation auf den Amputirten macht, sind es die nicht unvermeidlichen Veränderungen in der Temperatur die den Stumpf umgiebt, in den Druck- und Lageverhältnissen der einzelnen Theile des Gliedes im Grossen und noch mehr in den kleinsten dasselbe zusammensetzenden Theilen, den Gewebselementen bei dem Abnehmen und Anlegen der Verbandstücke, bei der Entleerung der Wundsecrete durch Streichen und Drücken, bei dem Abspülen und Reinigen etc., welche gar leicht nachtheilig einwirken können, sondern es wird dabei auch noch anderen äusseren schädlichen Einflüssen, namentlich infectiösen Stoffen die Thür geöffnet. Wie für Operationen überhaupt *), so muss auch für diese Verbandoperation der Grundsatz massgebend sein, den Verbandwechsel nur dann vorzunehmen, wenn bei dem Amputirten irgend eine Veränderung in dessen Allgemeinbefinden oder an dem operirten Gliede wahrgenommen wird, deren Ursache und Folgen man bei einem Wechsel des Verbandes aufzufinden und zu beseitigen hoffen darf, und wenn zugleich von dieser Vornahme des Verbandwechsels weniger Nachtheil zu besorgen ist als von der Unterlassung desselben.

Demnach lassen sich für den Verbandwechsel durchaus keine

---

*) Man sehe den Abschnitt: Anzeigen und Gegenanzeigen bei Operationen in meiner Chirurgischen Praxis. Tübingen 1873. pg. 183—193.

bestimmten Zeiträume im Voraus festsetzen, sondern die Zeit seiner
Vornahme richtet sich lediglich nach den vorhandenen Umständen
und kann demnach das eine Mal ein Wechsel des Verbandes schon
nach wenigen Stunden nothwendig werden, während man andere
Male den angelegten Verband 6—10, ja sogar 14 Tage hindurch
unangerührt liegen lassen kann.

Als Momente, welche zur Vornahme des Verbandwechsels auf-
fordern, lassen sich etwa folgende aufführen, wobei jedoch zu bemerken ist, dass dieselben nicht immer von gleicher Dringlichkeit
sind, sondern dass dieselben in dieser Beziehung sehr verschiedene
Grade darbieten können und dass es daher stets dem Ermessen des
Arztes überlassen bleibt, zu entscheiden ob und wann er gegebenen
Falls der vorliegenden Aufforderung zum Verbandwechsel Folge zu
leisten habe.

I. Der Verband muss abgenommen und durch einen neuen
Verband ersetzt werden, sobald derselbe den von ihm zu leistenden
mechanischen Dienst nicht mehr leistet: gleichmässige Einhüllung
und leichte Compression des Stumpfes neben Absperrung gegen die
äussere Luft und der in ihr enthaltenen Schädlichkeiten. Es ist
dieses der Fall, einerseits wenn der Verband zu fest anliegt, so
dass er einen nachtheiligen Druck auf den Stumpf im Ganzen oder
auf eine einzelne Stelle desselben ausübt, wodurch Schmerzen veranlasst und die Gefahr lokalen Druckbrandes, und namentlich des
Absterbens des Lappens etc. herbeigeführt wird; andererseits wenn
der Verband zu lose liegt, sich verschiebt und so der äussern Luft
Gelegenheit verschafft direct zur Wunde zu gelangen und auf dieselbe einzuwirken.

II. Der Verband muss entfernt und durch einen neuen ersetzt
werden sobald sich das alte Material durch eingedrungenes Blut
(bald nach der Operation oder bei später eingetretener Nachblutung)
oder durch Wundsecret in solchem Grade durchtränkt und beschmutzt
zeigt, dass von diesen Stoffen eine schädliche infectiöse Rückwirk-
ung auf der Wunde und Gesammtorganismus zu befürchten steht.

III. Dasselbe ist der Fall, sobald irgend welche Erscheinungen
an dem Kranken wahrgenommen werden, welche darauf hindeuten,
dass eine Abweichung von dem normalen, schmerzlosen und fieber-
freien Heilungsvorgange nach der Amputation einzutreten droht.

Derartige Erscheinungen sind theils rein örtliche Veränderungen wie z. B. Schmerzen, Anschwellung, Röthung, Temperaturerhöhung etc. an dem von dem Verbande freien Theile des amputirten Gliedes und dem daran anstossenden Körpertheile; theils sind es gewisse allgemeine Erscheinungen, namentlich Steigerung der Körpertemperatur zumal verbunden mit sonstigen Störungen des Allgemeinbefindens: Kopfweh, Durst, Appetitlosigkeit etc., welcher Symptomen-Complex gegenwärtig von in der Wunde zurückgehaltenen, in Zersetzung begriffenen sog. septischen Stoffen und deren Resorption hergeleitet und dementsprechend als septisches Fieber bezeichnet wird. So wie daher bei einem Amputirten die Körpertemperatur über 38° Celsius bis 39° unter dem Eintritt der eben genannten Symptome ansteigt, ist der Verband abzunehmen, für Entleerung des angesammelten Secrets und gründliche Desinfection der Wunde zu sorgen.

Bezüglich der Ausführung des Verbandwechsels sind neben genauer Einhaltung der allgemein gültigen Regeln für die Anlegung von Verbänden*) noch folgende Punkte zu beachten.

Die Abnahme sowie die Wiederanlegung des Verbandes geschehe unter andauernder Anwendung des Carbolspray's.

Nach Abnahme des Verbands suche man durch vorsichtiges Drücken und Streichen das unter dem Hautlappen etwa angesammelte Blut und Wundsekret zu entleeren; dringt Wundsekret an der einen oder andern Stelle reichlicher hervor, so dass man daraus auf einen nicht vollkommen freien Abfluss an dieser Stelle schliessen muss, so stelle man letztern sofort her durch Wegnahme entsprechender Nähte, nöthigenfalls auch durch Eröffnung bereits verklebter Stellen der Wundränder mittelst der Silbersonde oder durch einen kleinen Einstich mit einem Bistouri, wenn die Eiteransammlung entfernter gelegen ist.

Alle solche Hohlräume unter nicht verklebten Stellen des Hautlappens werden mit 3 procentiger Carbollösung ausgespritzt, desgleichen die angelegten Drainageröhrchen und die Oberfläche der Wunde und deren Umgebung mit derselben Flüssigkeit abgewaschen.

---

*) S. a. a. O. pg. 903—906. Allgemeine Verbandregeln.

Die Entfernung der Nähte geschieht am zweiten oder dritten Tage nach der Amputation; einzelne Nähte, welche als besonders nöthig zur Fixirung des Hautlappens erscheinen, kann man auch länger bis zum Durchschneiden liegen lassen.

Die Drainage-Röhrchen werden herausgenommen, sobald die geringe Menge des durch sie entleerten Sekrets angezeigt, dass ihr inneres Ende nicht mehr in einen Hohlraum hineinreicht. Besonders lange und weite Drainröhren wie sie z. B. bei der transcondylären Amputation des Oberschenkels durch die Wunde bis in den Grund der Bursa supragenualis hineingelegt werden, müssen dem Fortschritte der Heilung entsprechend allmälig mit engeren und kürzeren Röhrchen vertauscht werden.

Die Wiederanlegung des Verbands wird zunächst in der gleichen Weise und mit dem gleichen Material vorgenommen, wie es bei der ersten Verbandanlegung geschehen ist; späterhin wenn der Hautlappen mit seinem Rande und mit seiner Fläche so fest und in solcher Ausdehnung angewachsen ist, dass ein Zurückweichen desselben nicht mehr zu befürchten ist, lässt man die Propulsivbinde weg und allmälig auch die zum Andrücken des Hautlappens bestimmten Bäuschchen von Krüllgaze, bis man schliesslich zu einem einfachen leichten Deckverbande mit einer kleinen carbolisirten Gazecompresse gelangt, unter welcher man die vollständige Vernarbung des schliesslich nur noch ganz oberflächlichen schmalen Granulationsstreifens abwartet.

Anders in Fällen mit ungünstigem Verlaufe, wenn namentlich die Anheilung des Hautlappens gar nicht oder nur in beschränkter Ausdehnung zu Stande gekommen ist, und statt dessen auf der ganzen Wundfläche eine reichliche Eiterung sich einstellt, welche mit üblem Geruch und meist auch mit mehrfachem Absterben von Zellgewebsparthieen und fibrösen Gewebsmassen verbunden zu sein pflegt. Unter diesen Umständen kann man in leichteren Fällen noch den Versuch machen, durch Verband mit häufig gewechselten feuchten Compressen, welche mit antiseptischen Flüssigkeiten getränkt sind, durch wiederholtes Bestreichen der schlecht eiternden Flächen mit Jodtinctur eine bessere Eiterung und Granulation auf der Wundfläche hervorzurufen. Wirksamer aber und in allen schlimmeren Fällen dieser Art nicht zu umgehen ist jetzt die offene

Wundbehandlung verbunden mit permanenter Irrigation durch antiseptische Flüssigkeiten, unter denen allen die von Burow zuerst
empfohlene essigsaure Thonerde in verdünnter wässeriger Lösung
sich mir weitaus am wirksamsten bewährt hat.

Hat sich unter dieser Behandlung, während welcher man durch
fortgesetzte Anwendung der Propulsivbinde ein störendes Zurück-
sinken der Weichtheile an und von dem freien Ende des Stumpfes
nach aufwärts und eben so des an seinem freien Wundrande nicht
mehr befestigten Hautlappens zu verhindern gesucht hat, eine gute
reine Granulationsfläche auf der Wunde gebildet, so hört man mit
der Irrigation auf und geht zu einem einfachen Deckverbande wie
in den Fällen der ersten Art über. War der Hautlappen durch
brandiges Absterben zerstört oder in Folge der Nichtbefestigung
so ganz in sich zusammengeschwunden, dass die Wundfläche eine
Beschaffenheit und konische Form wie nach dem Zirkelschnitte ohne
Hautlappenbildung angenommen hat, so kann man die Heilung
dieser Wunde noch wesentlich fördern und deren Heilungsdauer
abkürzen durch Anwendung des von Szymanowski, Linser u. A.
empfohlenen Zugverbandes. Der Verband wird an dem Stumpfe
entweder in der von mir an einem anderen Orte*) beschriebenen
und abgebildeten Weise mittelst Heftpflasterstreifen und eines an
dem Stumpfe befestigten kleinen hölzernen Bügels in Form eines
doppelten rechten Winkels angelegt; oder man führt denselben, wie
ich dieses neuerdings gethan habe, mit Benutzung eines an einer
Schnur befestigten Gewichtes aus, indem man die mittelst Heft-
pflasterschlingen an der Haut des Stumpfes befestigte Schnur über
eine Rolle an dem untern Ende des Bettes hinüberleitet und hier
das Gewicht frei hinabhängen lässt.

---

*) Chirurgische Praxis. pg. 1158—61. Fig. 716 u. 717.

88

Schlussbetrachtung.

Wenden wir uns jetzt zur Betrachtung der Vor- und Nachtheile oder der Licht- und Schattenseiten, welche die auf den vorstehenden Blättern näher beschriebenen Amputationsmethode darbietet, so lassen sich die wichtigsten Vortheile dieser Methode gegenüber dem gewöhnlichen ein- und zweizeitigen Zirkelschnitte in Folgendem kurz zusammenfassen: Der Zirkelschnitt mit vorderem Hautlappen gestattet eine raschere Wundheilung und zwar mit Bildung eines besseren Stumpfes, indem das Knochenende nicht von Narbenmasse, sondern von unversehrter Haut bedeckt wird und die Hautnarbe entfernt von dieser Stelle an die Peripherie des Stumpfes und zwar an dessen Rückseite verlegt ist. Zu näherer Begründung dieses Urtheils müssen wir uns kurz den Heilungsvorgang nach Amputationen vergegenwärtigen.

A. Die Heilung der Amputationswunde nach dem gewöhnlichen Zirkelschnitte ohne Hautlappen erfolgt in der Regel ganz oder grösstentheils auf dem langsamen Wege der Eiterung und Granulation und zwar mit Bildung einer dem Knochenstumpfe fest anhängenden Narbe, nachdem in der Regel von der Sägefläche des Knochens kleinere oder grössere abgestorbene Knochenstücke abgestossen worden sind.

Der nähere Vorgang hiebei ist kurz folgender. Auf der Schnittfläche der sämmtlichen den Knochen umgebenden Weichtheile erheben sich in zunehmender Anzahl Granulationen, welche schliesslich zu einer gleichmässigen Granulationsmembran zusammenfliessen, welche das Ende des Knochens ringsum umgiebt und zwar in Form eines Kegels von verschiedener Höhe, dessen Basis in der Haut gelegen ist und dessen abgestumpfte Spitze an und um den Knochen herum sich befindet. Die Ursache dieser kegelförmigen Gestaltung liegt darin, dass die bei der Amputation durchschnittenen Muskeln sich allmälig mehr und mehr zusammenziehen und zusammenschrumpfen, wobei selbstverständlich die unmittelbar an dem Knochen anliegenden und ihm anhaftenden Muskeln weniger weit sich zurückziehen und verkürzen können, als die der Peripherie näher unter der Haut gelegenen Muskeln, die locker in ihren Scheiden liegen.

An dem Knochen reicht die stumpfe Spitze des Granulationskegels so weit hinauf, als derselbe noch von Beinhaut umgeben ist, im günstigsten Falle also bis unmittelbar an den Rand der Sägefläche; sehr häufig ragt aber auch der Knochenstumpf eine längere oder kürzere Strecke weiter nackt hervor, entsprechend der Ausdehnung in welcher bei oder nach der Amputation die Beinhaut von dem Knochen abgelöst worden ist und nach oben hin sich zurückgezogen hat.

Gleichzeitig mit der beschriebenen Granulationsmembran entstehen auch innerhalb der Markröhre des Knochens auf der freien Oberfläche der Marksubstanz Granulationen, welche bald aus dem offenen Ende der Markröhre hügelförmig emporgewachsen und sich dann befreit von den einengenden Schranken der knöchernen Umgebung knopf- und pilzförmig über den Sägerand des Knochens ausbreiten mit ihrem überhängenden Randsaume denselben mehr und mehr bedeckend, und schliesslich mit den Granulationen der den Knochen aussen umgebenden Granulationsmembran zusammenfliessen.

Aus der Sägefläche des Knochens selbst, d. h. aus der Schnittfläche der compacten Wandung der Markröhre sprossen in der Regel nirgends oder höchstens an ganz beschränkter Stelle Granulationen aus dem durchschnittenen Havers'schen Kanälchen unter gleichzeitiger Erweiterung derselben durch excentrische fortschreitende Resorption der umgebenden Knochensubstanz hervor, welche sich später mit den Granulationen auf der Wundfläche der Marksubstanz und der umgebenden Weichtheile vereinigen.

In der Regel bleibt die Sägeschnittfläche der Markröhrenwandung zum grössten Theil unverändert, indem die unterste Parthie des Knochenstumpfes in verschiedener Ausdehnung nach Breite und Höhe abstirbt und dementsprechend bald in kleinen dünnen Blättchen von unregelmässiger Form, bald in Gestalt von bogen- oder ringförmigen Stücken, ja selbst in Form vollkommen röhrenförmiger Stücke von verschiedener Länge oder Höhe abgetrennt wird, je nachdem das Absterben der Knochensubstanz in kürzerer oder

längerer Strecke von der Sägeschnittfläche an aufwärts *) erfolgt
war.

Die Demarkation d. h. die spontane Abtrennung des abgestorbenen Knochens von dem lebendig gebliebenen Knochen, welche
durch excentrisch fortschreitende Knochenresorption von der innern Oberfläche der Havers'schen Kanälchen her bewirkt wird,
geht immer in dem lebenden Knochen selbst dicht an der Gränze
des Todten vor sich, also an der äussern Oberfläche des Knochens
da, wo die Beinhaut noch mit dem Knochen in lebendigem Zusammenhang geblieben ist, an der innern der Marksubstanz zugekehrten Oberfläche, da wo letztere noch mit der Marksubstanz in organischem Zusammenhange steht, und in der Tiefe der Rindensubstanz
da, wo diese noch von lebendigen Capillaren durchzogen ist.

Niemals geht diese Knochenresorption an den drei eben bezeichneten Stellen in der gleichen Höhe des Knochenstumpfes und
in gerader Linie vor sich, sondern immer in verschiedener Höhe
und Richtung, und daher denn auch die so höchst verschiedenen
Formen und Grössen der abgestossenen Amputationssequester. Der
todte Knochen selbst erfährt übrigens nirgends eine Spur von Resorption, wie man am deutlichsten an der Sägefläche des sequestrirten Knochenstückes sehen kann, die noch ganz dieselbe Beschaffenheit wie unmittelbar nach der Vollendung des Sägeschnittes zeigt,
mögen auch noch so viele Wochen und Monate bis zur Abstossung
dieses Stückes verstrichen sein, während welcher diese Knochenschnittfläche in andauerrder Berührung mit den umgebenden Granulationen und den von demselben abgesonderten Eiter gewesen ist.

Nur der Vollständigkeit wegen mag hier noch kurz daran

---

*) Das längste Stück oder der grösste Sequester den ich nach einer Amputation abgestossen gesehen habe, stammt von einem Soldaten her, der 1870
wegen einer Knieschusswunde am Oberschenkel mit Erfolg amputirt worden war.
Der jetzt in meinem Besitz befindliche Sequester des Femur, stellt eine vollkommene, 17½ Centimeter lange, oben und unten offene Röhre dar, an deren
unterer Oeffnung man nur noch einen Theil der unveränderten Sägefläche von
der Amputation her sehen kann, da die fehlenden Theile bei den wiederholt
gemachten Extractionsversuchen abgebrochen worden sind; das obere Ende
dieses Sequesters, welches trompetenförmig erweitert und mit einem zugeschärften und gezackten Rande aufhört, entspricht der Basis der Trochantergegend und des untern Umfangs des Halses des Femur, daher die angegebene Form.

erinnert werden, dass neben der erwähnten Knochenresorption auch immer eine Neubildung der Knochenmasse Statt findet, welche hauptsächlich an der Oberfläche des Knochens vor sich geht und zwar zunächst da, wo die Beinhaut noch in ungestörter Verbindung mit den Knochen geblieben ist. Die Gränzen der Resorption und der Neubildung von Knochenmasse stossen also unmittelbar an einander, und erstreckt sich die Neubildung von Knochen von dieser Stelle aus in verschiedener Ausdehnung und Mächtigkeit an dem Knochen aufwärts, bald nur als ein dünner reifähnlicher Anflug, bald als eine dickere röhrenförmige Hülle, bald an einzelnen Stellen zu stachel- oder knollenförmigen Gebilden sich erhebend.

Schon während und noch mehr nachdem die vorhin erwähnte Vereinigung der aus der Markröhre und aus der Demarkationsfläche des Knochens hervorgesprossten Granulationen mit den auf der Wundfläche der umgebenden Weichtheile emporgewachsenen Granulationen zu einer zusammenhängenden Fläche mit hügelförmiger Erhebung in der Mitte zu Stande gekommen ist, beginnt diese Granulationsfläche ziemlich rasch sich zu verkleinern. Diese Verkleinerung erfolgt hauptsächlich dadurch, dass der an die Granulationen der Wundfläche anstossende Hautrand von allen Seiten her gegen die Mitte der Wundfläche, welche von dem Knochenstumpfe eingenommen wird sich vorschiebt, gleichsam wie wenn er von einem unsichtbaren Bande dahin zusammengezogen oder zusammengeschnürt würde. Zu einem Theile kommt diese Verkleinerung der Wundfläche auch dadurch zu Stande, dass sich die äussersten an die Haut anstossenden Granulationen in Narbensubstanz umbilden und so einen ringförmigen anfangs sehr schmalen Saum von Narbenmasse herstellen. In diesem Narbensaume hat man wohl die Hauptursache der angegebenen Verkleinerung der Granulationsfläche gesucht und demgemäss hier wie anderwärts von der Heilung durch Narbenzusammenziehung gesprochen, allein nicht ganz mit Recht, da die Verkleinerung der Wunde schon v o r der Bildung dieses Saumes beginnt und in keinem Verhältnisse zu der Entwicklung des schmalen dünnen Narbensaumes fortschreitet. Es muss diese im Umfange eiternder Flächen stets Statt findende Verziehung der Haut auf ihrer Unterlage in anderen zur Zeit uns noch nicht näher bekannten Momenten liegen.

Ist die umgebende Haut mit ihrem Narbensaume bis an die Basis des von dem Knochenstumpfe gebildeten Hügels hinangerückt, so wird endlich der noch übrige, diesen Hügel bedeckende Theil der Granulationsfläche ebenfalls in Narbenmasse umgebildet. Auf diese Weise ist dann die Bildung eines konischen Stumpfes zu Stande gekommen, dessen centraler erhabenster Theil von dem vorragenden Knochenende gebildet wird, das nur von einer dünnen blassröthlichen Narbenschichte bedeckt ist, welche gegen Berührung sehr empfindlich zu sein pflegt, durch Zerrungen bei Bewegungen des Stumpfes, sowie durch Reibung an den bedeckenden Kleidungsstücken oder durch Reibung und Druck an Theilen des angelegten künstlichen Ersatzgliedes leicht aufbricht und sich auf kürzere oder längere Zeit wieder in eine wunde nässende Fläche von verschiedener Ausdehnung umwandelt.

Von dem vorstehend geschilderten gewöhnlichen Heilungsvorgange nach Amputationen durch Zirkelschnitt kommen nun allerdings genug Abweichungen vor, und zwar nach zwei entgegengesetzten Richtungen hin.

Nach der einen Seite hin kommen nämlich auch solche Fälle vor, wenn gleich nur selten, in denen die Heilung in kürzerer Zeit als eben beschrieben zu Stande kommt, dann nämlich wenn in Folge reichlicherer Haut- und Fleischersparniss bei der Amputation diese Weichtheile über dem Knochenende mehr zusammengelegt und deren Wundflächen in ausgedehntere gegenseitige Berührung gebracht werden, so dass eine rasche Verklebung derselben auf dem sog. ersten Wege in einiger Ausdehnung zu Stande kommen kann. In Fällen dieser Art fällt nicht nur die Dauer der Heilung viel kürzer aus, weil eine kleinere Granulationsfläche entsteht, die entsprechend rascher zur Vernarbung gelangen kann, sondern auch die Form des Stumpfes gestaltet sich wenigstens anfangs weniger konisch, doch bleibt immer eine dem Knochende fest aufsitzende wenn auch kleinere und schmälere Narbe zurück, welche mit dem früher erwähnten Nachtheile verbunden ist.

Dagegen sind nach der andern Seite hin solche Fälle viel häufiger, in denen die Vollendung der Heilung ganz ungewöhnlich lange, über viele Monate ja über Jahr und Tag sich hinaus zieht, indem eine oder mehrere Stellen der Granulationsfläche nicht zur

Vernarbung gelangen, sondern offen bleiben und sich in Mündungen von geschwürigen Kanälen umbilden, die zu in der Tiefe liegenden Knochenstückchen führen. Letztere sind abgestorben und von dem lebendigen Knochen abgetrennt, können aber nicht spontan nach aussen ausgestossen und entleert werden, weil sie durch die inzwischen neu gebildeten Gewebsmassen von bindegewebiger Natur oder von neuer ächter Knochenstructur zurückgehalten werden. Ja auch ohne dass solche Sequester vorhanden sind kommt es vor, dass die vollständige Vernarbung ganz ausbleibt, namentlich wenn das Knochenende in der Mitte der Amputationswunde stark prominirt. Es bleibt dann an dieser Stelle fortdauernd eine eiternde Fläche zurück, weil durch die sehr stark zurückgezogenen Weichtheile beständig eine solche Zerrung an der Granulationsschichte auf dem Knochenende ausgeübt wird, dass die nöthige Weiterentwicklung derselben und Umbildung in Narbenmasse auf der Höhe des Stumpfes nicht zu Stande kommen kann.

B. Dagegen geht bei dem Zirkelschnitte mit Hautlappen in der Regel die Heilung auf dem sog. schnellen Wege per primam unionem vor sich, nämlich durch unmittelbare Verklebung der verschiedenen Theile der Wundflächen mit einander, somit in viel kürzerer Zeit und noch dazu mit Bildung eines viel besser geformten Stumpfes. Die Heilungsdauer beträgt hier gewöhnlich 1—2—3 Wochen, während bei der andern Methode mindestens eben so viele und noch mehr Monate bis zur definitiven Vernarbung der Amputationswunde zu verstreichen pflegen.

Ermöglicht und gefördert wird diese schnelle Heilung hauptsächlich dadurch, dass nach vollendeter sorgfältigster Blutstillung die durchschnittenen Weichtheile an der Vorder- und Rückseite des Gliedes von oben herab über und vor dem Knochenstumpf gegen einander geschoben und mit ihren Schnittflächen ohne Zwang in möglichst vollständige und genaue gegenseitige Berührung gebracht werden, so dass nirgends eine offene Stelle oder Lücke zwischen ihnen bleibt, andererseits aber auch jeder störende Druck auf einzelne Stellen vermieden wird.

Von grosser Wichtigkeit ist hiebei, dass die bei der Schliessung der Wunde auf einander treffenden Weichtheile von möglichst gleichartiger Beschaffenheit sind, weil diese um so leichter mit einander verwachsen können, also Muskelfläche auf Muskelfläche, Zellgewebe auf Zellgewebe, Knochenhaut auf Knochen, zumal auf eine zur raschen Verklebung so geeigneten Knochenwundfläche, wie sie nach dem pg. 44 beschriebenen Verfahren hergestellt ist.

Durch die abgerundete Form, welche bei diesem Verfahren dem Knochenende gegeben wird, wird zugleich auch jeder nachtheilige Druck von innen her auf die über den Knochen hinübergelegte Muskelmasse verhindert, während die letztere andererseits in dieser Lage sanft zusammengehalten und gegen die Einwirkung der äussern Luft geschützt wird durch den über sie hinübergespannten grossen Hautlappen, der in dieser Lage durch sorgfältig angelegte Nähte fixirt wird.

Auf diese Weise kommt die in einem Halbbogen an der untern Seite des Gliedes verlaufende Wundspalte (und später deren Narbenstreifen) von der Wundfläche des Knochens entfernt und von derselben durch Muskelmasse getrennt zu liegen und kann deshalb mit derselben keine solche nähere Verbindung eingehen, wie dieses vorhin von dem gewöhnlichen Zirkelschnitte beschrieben worden ist. Gleichzeitig bietet auch dieser Stumpf nach vollendeter Heilung eine sehr gute breite, nur nach der vordern und hintern Fläche des Gliedes hin etwas abgerundete Form dar, die sich lange erhält und wenn sie auch in dem Laufe der Zeit in Folge des Schwundes der Muskelmasse kleiner und schmäler wird, doch nie so spitzig sich gestaltet, wie dieses bei dem Zirkelschnitt ohne Hautlappen der Fall ist. Hiebei noch der nicht genug zu schätzende Vortheil, dass das freie Ende mit keiner Narbenmasse bedeckt ist, sondern von gesunder Haut überzogen ist, welche nicht durch ein sparsames kurzes Zellgewebe, sondern durch ein reichliches lockeres Zellgewebe mit dem Knochenende verbunden wird, welches bei den Bewegungen des Stumpfes eine genügende Verschiebung der Haut über dem Knochenende ohne alle Spannung und Zerrung gestattet.

Diese eben erwähnten Vortheile machen sich sogar auch in denjenigen Fällen noch bemerkbar, in denen wie z. B. bei der Amputatio femoris transcondylica der Hautlappen unmittelbar auf und über die breite Wundfläche des Knochens hinüber gelegt wird und direct mit dieser Knochenwundfläche verwächst. Hier sitzt allerdings nach erfolgter Verwachsung dieser beiden Flächen mit einander die Haut im Anfange dem untern Ende des Schenkelknochens fest und unverschieblich auf, allein schon sehr bald tritt eine mit der Zeit immer mehr zunehmende Verschiebbarkeit dieser Haut-parthie ein, indem das neu gebildete Zellgewebe, welches die Ver-bindung zwischen dem Knochen und der Haut vermittelt, so wie das Unterhautzellgewebe des hinübergelegten Hautlappens, welches zunächst durch die eingetretene Wundentzündung verdickt und ri-gide geworden war, mit der Zeit eine immer laxere und dehnbarere Beschaffenheit gewinnt.

Es versteht sich wohl von selbst, dass die Wundheilung nach der Amputation durch Zirkelschnitt mit Lappenbildung nicht in allen Fällen so rasch und günstig verläuft, wie eben geschildert worden ist, sondern dass auch geringere und grössere Abweichungen davon vorkommen. In der Mehrzahl finden jedoch diese Abweich-ungen nur in geringem Grade Statt und beeinträchtigen schliesslich das angegebene definitive Heilungsresultat in keiner Weise, nur dass dasselbe dadurch um eine oder einige Wochen hinaus gerückt worden ist; grössere Abweichungen, durch welche der Heilungs-vorgang mehr dem Heilungsvorgange nach dem gewöhnlichen Zirkel-schnitte genähert und übergeführt wird, kommen im Ganzen selten vor und lassen sich dann immer auch besondere Umstände nach-weisen, durch welche die betreffende Abweichung in dem Heilungs-vorgange veranlasst worden ist.

Sämmtliche Abweichungen bezüglich des Heilungsvorganges und des Resultates lassen sich in drei Hauptgruppen sondern, zwi-schen denen natürlich zahlreiche allmälige Uebergangsstufen vor-kommen. Ueber jede dieser 3 Gruppen mögen einige kurze Be-merkungen folgen.

I. Die Heilung der Amputationswunde erfolgt zum grössten Theile durch primäre Anheilung des Hautlappens, in dem übrigen Theile auf dem langsameren Wege durch Granulation.

In den Fällen dieser Art, welche weitaus die Mehrzahl aller Amputationen durch Zirkelschnitt mit Hautlappen bilden, tritt nicht in der ganzen Ausdehnung der Fläche und des Randes des Haut-lappens eine primäre Verklebung ein, aber doch immerhin in einer solchen Ausdehnung, dass dadurch der Hautlappen in der ihm bei dem Verband der Wunde gegebenen Lage bis zum Schlusse des

Heilungsprocesses festgehalten wird. An den übrigen Stellen der Wunde, an denen diese primäre Verklebung nicht zu Stande gekommen ist, tritt Eiterung ein und zwar je nach der Lage dieser Stellen unter dem Hautlappen oder an seinem Rande entstehen Hohlräume oder klaffende Spalten, welche erst später unter fortdauernder Eiterentleerung durch Granulationsbildung zur Vernarbung gelangen. Das schliessliche Resultat dieses Heilungsvorganges ist dann dasselbe, wie wenn die Heilung ganz auf dem schnellen Wege zu Stande gekommen wäre.

In dieser Weise kommt z. B. die Heilung zu Stande, wenn bei der Vereinigung der Wunde nicht sämmtliche Stellen der Wundfläche und des Wundrandes in vollkommene genaue gegenseitige Berührung gebracht, sondern Lücken und Spalten zurückgeblieben sind; desgleichen wenn vor oder durch die Vereinigung der Wunde die Blutung nicht vollkommen gestillt wird, so dass hinterher aus den getrennten Gefässen stellenweise noch so viel Blut sich ergiesst, dass dadurch die erforderliche gegenseitige Berührung der wunden Theile verhindert wird, und wenn dann noch das ergossene Blut nicht resorbirt wird, sondern in Zersetzung übergeht; ebenso auch wenn in Folge allgemeiner Körperbeschaffenheit das primäre plastische Exsudat auf der Wundfläche, welches die schnelle Verklebung der letztern bedingt, nicht überall sofort zur Organisation gelangt und endlich wenn an der einen oder anderen Stelle des Wundrandes des Hautlappens eine schmale Parthie abstirbt.

In Fällen, in denen man aus der Beschaffenheit der Wundfläche mit Sicherheit annehmen darf, dass eine vollständige rasche Verklebung der Fläche des Hautlappens nicht zu Stande kommen und somit zur Entstehung eines eiternden Hohlraums unter dem Hautlappen Anlass geben wird, legt man gleich bei der Anheftung des Hautlappens ein oder zwei dickere Drainröhren ein, welche bis zu der betreffenden Stelle hin reichen.

II. Die Heilung der Amputationswunde erfolgt mit Anheilung des Hautlappens auf dem langsamen Wege der Eiterung und Granulation. Ist die primäre Verklebung und Verwachsung des Hautlappens aus irgend einer Ursache nicht zu Stande gekommen oder ist dieselbe erst nachträglich wieder getrennt worden, sei es durch spontanen Zerfall der Verbindungsmasse oder durch zufällige äussere mechanische Einwirkung auf den Stumpf oder durch absichtliche Ablösung z. B. behufs der Stillung einer eingetretenen Nachblutung, so tritt auf der ganzen Wundfläche einschliesslich der unteren Fläche des Hautlappens Eiterung und Granulation ein. Gelingt es nun unter diesen Umständen den Hautlappen durch Anwendung künstlicher Haftmittel in der erforderlichen Lage zu fixiren, so dass seine Wundfläche und sein Wundrand in hinreichender Ausdehnung in andauernder Berührung mit den entsprechenden Stellen des hinteren Hautwundrandes und der Muskelwundfläche erhalten wird, so kommt es im günstigen Falle noch dahin, dass der Hautlappen an der beabsichtigten Stelle durch Verwachsung der Granulationen dauernd fixirt wird. Das schliessliche Resultat nach vollendeter Vernarbung der Wunde ist dann das gleiche wie in den Fällen der ersten Art: Bedeckung des Knochenstumpfes durch unversehrte Haut mit peripherisch gelegener Narbe, nur ist bis zur Erreichung dieses Zieles ein ungleich längerer Zeitraum verstrichen. Gelingt dagegen die angedeutete Fixirung des Hautlappens nicht, so geht die Wundheilung wie bei III. angegeben vor sich.

III. Die Heilung erfolgt unter Verlust des Hautlappens auf der ganzen Wundfläche auf dem langsamen Wege der Eiterung und Granulation wie bei dem Zirkelschnitte ohne Hautlappen und demgemäss auch mit Bildung einer centralen dem Knochenende adhärirenden Narbe.

Ein solcher Verlust des Hautlappens wird entweder unmittelbar durch brandiges Absterben in Folge mangelnder Ernährung desselben bewirkt, oder derselbe kommt erst allmälig zu Stande durch fortschreitende Zusammenziehung und Schrumpfung. Letzteres findet Statt, wenn der Hautlappen nicht sofort durch primäre Verklebung an der ihm gegebenen Stelle anwächst, sondern lose vor der Wundfläche herabhängt, und wenn dann nicht von der Kunst, wie vorhin angegeben, für eine ausreichende mechanische Befestigung des Wundrandes des Hautlappens gesorgt wird, so lange bis derselbe hinreichend auf dem Wege der Granulation angewachsen ist.

Geschieht dieses nun nicht, lässt man den nicht verklebten Hautlappen lediglich seiner Schwere folgend frei vor der Wundfläche herabhängen, so kann man fast von Tage zu Tage beobachten, wie dieser Lappen fortwährend kleiner und namentlich kürzer wird. Man sieht wie der halbkreisförmige Lappen mit seinem freien Wundrande, ohne dass irgendwie ein Substanzverlust an dem letztern zu entdecken ist, mit der Zeit eine immer flacher werdende Bogenlinie beschreibt, die sich dem entsprechend immer weniger über das Niveau der geraden Linie der andern Hälfte des Hautschnittes erhebt, bis sie endlich zu einer geraden Linie wird, so dass der Lappen total verschwunden ist und die Wunde gerade so aussieht, wie wenn sie durch einen einfachen Zirkelschnitt angelegt worden wäre. Ein solches Verschwinden des Hautlappens kommt natürlich um so leichter und schneller zu Stande, je kleiner der Lappen von vorn herein gemacht worden ist, wie namentlich an dem unteren Ende des Vorderarms und des Unterschenkels, so wie auch dann, wenn durch an seinem Wundrande eingetretene Gangrän ein Streifen verloren gegangen ist.

Ein brandiges Absterben des ganzen Hautlappens, welches von den Gegnern dieser Methode als ein bei derselben häufig vorkommendes Ereigniss ausgegeben und deshalb als Hauptgrund zu deren Verwerfung bezeichnet worden ist, ist unter den mehr als 200 Amputationen dieser Art in meiner Klinik nur in einer so kleinen Anzahl von Fällen beobachtet worden, dass ich dasselbe nur als ein ganz ausnahmsweises Vorkommniss bezeichnen kann. Unter ganz besonders ungünstigen, inneren oder äusseren Umständen kann möglicher Weise auch bei einer untadelhaft ausgeführten Amputation mit Hautlappenbildung Gangrän in der Wunde und Absterben des Hautlappens eintreten, wie dieses bekanntlich ja auch nach allen Methoden der Amputation vorkommt, bei dem einfachen Zirkelschnitte wie bei dem Zirkelschnitte mit zwei Hautlappen oder mit Hautmanchettenbildung *) und selbst bei dem Lappenschnitt mit einem oder zwei Haut-Muskellappen **).

---

*) A l b e r t   C o n t z e n (Ueber die Erfolge des trockenen Salicyl-Jute-Verbandes bei acht Amputationen. Inaug.-Dissertation Greifswald 1876) theilt unter diesen 8 Fällen eine hohe Amputation des Unterschenkels mit (Fall VI. pg. 14), in welcher sich die ganze Hautmanchette brandig abstiess, zugleich auch der Stumpf des M. Tibialis anticus, obschon der Schnitt unverletzte Haut und intacte Muskulatur getroffen hatte.

**) In Tauberbischofsheim sah ich 1866 bei einem Soldaten, dem der

Sehen wir aber von diesen Fällen ab, in denen Gangrän nach einer Amputation in der Wunde auftritt und zwar ganz unabhängig von der bei der Amputation befolgten Methode, so stehe ich nicht an, nach meinen Erfahrungen auszusprechen, dass ein auf den Haut-lappen beschränktes brandiges Absterben wohl immer einer mangel-hafen oder fehlerhaften Technik bei der Operation oder bei der Nachbehandlung zugeschrieben werden muss. Es kann ein solches Absterben auch nicht ausbleiben, wenn der Hautlappen zu dünn genommen worden ist, d. h. wenn er anstatt in dem Zellgewebe u n t e r der Fascie (pg. 15) in der subcutanen Zellgewebsschichte abpräparirt worden ist und zwar so, dass dabei eine reichliche Par-thie dieses Zellgewebes auf der Fascie sitzen gelassen ist; desgleichen wenn man eine von vieler Narbenmasse durchsetzte oder eine ganz atrophische papierdünne welke Haut zur Lappenbildung benutzt hat; ferner wenn der Hautlappen bei übrigens hinreichender Dicke zu klein, zu schmal oder zu kurz gebildet worden ist, so dass er nur mit Mühe unter starker Anspannung über die Wundfläche der Muskulatur hinübergezogen und an dem untern Hautwundrande befestigt werden kann; wenn dann ferner nicht darauf geachtet wird, dem Stumpfe die erforderliche passende Lage zu geben, bei welcher jede Zerrung an dem Hautlappen vermieden wird, und endlich, wenn die angelegte Propulsivbinde zu fest angelegt und zu lange ungewechselt liegen gelassen wird — Alles Umstände, durch welche die Herstellung der zur Ernährung des Lappens nöthigen Blutcirculation in demselben beschränkt oder ganz verhindert und damit Absterben des Hautlappens herbeigeführt werden muss.

Uebrigens nimmt die aus den angeführten Ursachen hervor-gegangene Gangrän durchaus nicht immer den ganzen Hautlappen ein, sondern beschränkt sich sehr häufig auch auf einen kleineren Theil desselben, namentlich auf den peripherischen Theil desselben, indem sie von demselben eine längere oder kürzere Strecke bald von ganz geringer, bald von grösserer Breite ergreift. Auch diese Rand-Gangrän in grösserer Länge ist in meiner Klinik nur selten zur Beobachtung gekommen.

Oberschenkel in der Mitte mit zwei grossen (5 Zoll langen) seitlichen Haut-muskellappen amputirt worden war, beide Hautlappen in ihrer ganzen Höhe und Dicke total brandig abgestorben!

100

Was endlich noch das von Einigen namentlich auch von Billroth*) hervorgehobene zur Perforation führende ulcerös-gangränöse Absterben in der Mitte oder an der Basis des Hautlappens betrifft, so habe ich ein solches noch nie beobachtet mit Ausnahme einiger Fälle von Amputation des Unterschenkels in dem oberen Drittel und ist hievon schon oben (pg. 63) bei der Erörterung dieser Operation die Rede gewesen. Zugleich sind dort auch nicht nur die besonderen Umstände erörtert, welche zu diesem unangenehmen Ereignisse führen, sondern sind auch die Vorschriften angegeben, durch deren genaues Einhalten bei der Operation und bei der Nachbehandlung das Zustandekommen einer solchen Perforation mit Sicherheit verhütet werden kann.

Neben den beiden auf den vorstehenden Blättern näher besprochenen wesentlichen Vorzügen dieser Methode: der rascheren Heilung und der besseren Stumpfbildung, fallen die übrigen Vortheile, welche sie gewährt, weniger ins Gewicht. Als solche untergeordnete Momente lassen sich anführen:

1) Die grössere Leichtigkeit der technischen Ausführung. Wenn auch der einzeitige Zirkelschnitt in zwei Absätzen selbstverständlich rascher auszuführen ist, als derselbe Schnitt mit vorgängiger Bildung eines Hautlappens, so ist dieses schon nicht mehr der Fall bei dem zweizeitigen Zirkelschnitte mit Manchettenbildung und noch weniger gilt dieses gegenüber dem Muskellappenschnitte. Mag man die Amputation mit einem oder zwei Muskellappen ausführen, so fällt es erheblich viel schwerer diese Lappen genau von der erforderlichen Form und Grösse mit glatten Schnittflächen zu bilden und gelingt dieses viel seltener vollkommen gut, wie ein Jeder weiss, der Operationscurse an der Leiche ertheilt hat!

2) Die Blutstillung durch Unterbindung lässt sich nach dem einfachen Querschnitte leichter, rascher und sicherer ausführen als nach jeder anderen Art des Schnittes, namentlich nach dem Muskellappenschnitt mit schräger Richtung der Schnittlinien oder wie bei den rechtwinkligen Mukellappen mit Quer- und mit Längsschnitten. Die Blutung aus den Rändern und der Fläche des Hautlappens ist von gar keiner Bedeutung.

*) Allgemeine chirurgische Pathologie und Therapie. Berlin 1876. pg. 821.

3) Der Abfluss der Wundsekrete von der Wundfläche mit oder
ohne eingelegte Drainröhren ist freier und weniger erschwert als
bei den meisten übrigen Amputationsverfahren.

Es gilt dieser letzt erwähnte Vortheil besonders auch gegenüber dem Zirkelschnitte mit zwei Hautlappen, welcher von Einzelnen
dem Zirkelschnitte mit einem vorderen Hautlappen vorgezogen wird,
weshalb dieser Methode noch mit einigen Worten gedacht werden soll.

Wird die Amputation mit Bildung zweier Hautlappen von
gleicher Grösse ausgeführt, so kommt die Narbe gerade gegenüber
dem Knochen zu liegen und geht dadurch der Hauptvortheil der
Methode mit einem grossen Hautlappen verloren; dazu kommt noch,
dass wenn die beiden Hautlappen von der oberen (vorderen) und unteren (hinteren) Seite des Gliedes genommen werden, bei der Vereinigung der Wunde der untere Hautlappen v o r der Muskelmasse
nach oben emporgezogen wird, wodurch bei eintretender Eiterung
der auf der Wundfläche gebildete Eiter wie in einem Blindsacke
hinter dem emporgezogenen Hautlappen zurückgehalten und an dem
freien Abflusse nach aussen verhindert wird.

Macht man die beiden Hautlappen von u n g l e i c h e r Grösse
namentlich den untern Hautlappen kleiner als den obern, so werden
allerdings die eben berührten Nachtheile um so geringer ausfallen,
je kleiner der untere Hautlappen genommen wird, in demselben
Maasse wird aber auch dieses Verfahren der Methode mit Bildung
eines grossen vorderen Hautlappens näher gebracht und in dieselbe
übergeführt.

Was endlich noch die Frage nach der M o r t a l i t ä t nach dieser Amputationsmethode betrifft, eine Frage deren Beantwortung
bei einer allseitigen Würdigung dieser Methode nicht umgangen
werden kann, so bin ich weit entfernt davon, derselben einen unmittelbaren Einfluss auf die Mortalität zuzuschreiben und die von
mir erzielten ausserordentlich günstigen Amputationsresultate —
z. B. unter den letzten 30 Oberschenkelamputationen nur 3 Todesfälle!
— direct von dessen Befolgung ableiten zu wollen.

Andererseits möchte ich aber doch einen mittelbaren günstigen
Einfluss dieser Methode auf das Mortalitätsverhältniss nicht ganz in
Abrede gestellt wissen, wie dieses auch u. A. v o n L a n g e n-

beck*) ausspricht, schou deshalb nicht, weil durch die vollständige
Bedeckung der Wundfläche mit dem Hautlappen sowie durch den
freien Eiterabfluss und ganz besonders durch die in der Regel kurze
Dauer des Heilungsprocesses eine Anzahl Schädlichkeiten entfernt
gehalten werden, welche zur Entstehung der einen oder anderen
accidentellen Wundkrankheit Veranlassung geben können, durch
welche so oft ein tödtliches Ende nach der Amputation herbeigeführt wird.

Zum Schlusse möge hier noch eine tabellarische Zusammenstellung
Platz finden, welche die in den letzten vier Jahren (1875—1878)
in meiner Klinik ausgeführten grossen Amputationen und ihrer Resul-
tate enthält. Sämmtliche Fälle sind nach der Methode des Zirkelschnittes mit vorderem Hautlappen operirt; die Tabelle II. dürfte
daher wohl geeignet sein den Beweis dafür zu liefern, welche
günstigen Erfolge bei Anwendung dieser Methode in Verbindung
mit antiseptischer Wundbehandlung zu erzielen sind, wenn beide in
der Weise ausgeführt werden, wie sie auf den vorstehenden Blättern
des Nähern von mir beschrieben worden sind.

Eine in mehreren Beziehungen interessante Vergleichung gewährt die beigefügte Tabelle I, welche die Amputationen enthält, die
in den vier ersten Jahren meiner Leitung der Tübinger chirurgischen
Klinik in den Jahren 1843—1846 vorgekommen sind.

---

*) Langenbeck, Vortrag über Lappen-Amputation in der Hufeland'-
schen Gesellschaft am 19. December 1869. Mitgetheilt in der Berliner klinischen Wochenschrift. 1870. pg. 163.

Amputationen in der chirurgischen Klinik in Tübingen.

Tabelle I.

Amputationen in den 4 Jahren 1843—1846.

	am Oberarm	Vorderarm	Oberschenkel	Unterschenkel	Summa
1843	0 mit 0 Todesfall	1 mit 0 Todesfall	1 mit 0 Todesfall	1 mit 0 Todesfall	3 mit 0 Todesfall.
1844	2 » 0 »	0 » 0 »	1 » 0 »	0 » 0 »	3 » 0 »
1845	0 » 0 »	1 » 0 »	1 » 1 »	1 » 0 »	3 » 1 »
1846	0 » 0 »	0 » 0 »	1 » 0 »	2 » 1 »	3 » 1 »
	2 mit 0 Todesfall	2 mit 0 Todesfall	4 mit Todesfall	4 mit 1 Todesfall	12 mit 2 Todesfall.

Tabelle II.

Amputationen in den Jahren 1875—1878.

	am Oberarm	Vorderarm	Oberschenkel	Unterschenkel	Summa
1875	2 mit 0 Todesfall	0 mit 0 Todesfall	4 mit 0 Todesfall	10 mit 2 Todesfall	16 mit 2 Todesfall.
1876	2 » 1 »	1 » 0 »	8 » 1 »	4 » 0 »	15 » 2 »
1877	2 » 0 »	2 » 0 »	3 » 0 »	11 » 4 »	18 » 4 »
1878	1 » 0 »	2 » 1 »	15 » 2 »	8 » 1 »	26 » 4 »
	7 mit 1 Todesfall	5 mit 2 Todesfall	30 mit 3 Todesfall	33 mit 7 Todesfall	75 mit 12 Todesfall.